Univers des Lettres

Sous la direction de Fernand Angué

V I G N Y

CHATTERTON

Drame
avec une notice sur le théâtre au début du XIXᵉ siècle,
une biographie chronologique de Vigny,
une présentation de l'homme, de son œuvre
et de ses principes dramatiques, les réflexions du poète
sur les représentations du drame, la Dernière nuit
de travail, une analyse méthodique de la pièce,
des notes, des questions

par

Jean DELUME

Agrégé des Lettres
Maître-assistant à l'Université des Langues et Lettres
de Grenoble

BORDAS

SOMMAIRE

© Bordas, Paris 1969 - 1re édition
© Bordas, Paris 1984 pour la présente édition
I.S.B.N. 2-04-016089-2 ; I.S.S.N. 1142-6543

LE THÉÂTRE AU DÉBUT DU XIXᵉ SIÈCLE

On est souvent porté à dater l'acte de naissance du drame romantique de la « première » d'*Hernani*, ce qui est aussi fallacieux que de faire coïncider la mort de la tragédie classique avec la mort de Racine. A la vérité, si l'on considère à cet égard l'époque de l'Empire et celle de la Restauration, on y découvre conjointement des formes de théâtre qui ne sont que des survivances classiques et d'autres qui contiennent en germe les nouveautés les plus remarquables des drames de Hugo ou de Dumas.

1. Les survivances classiques

On sait combien Napoléon Iᵉʳ admirait Corneille, et quelle estime il vouait à Talma, le grand acteur tragique. Mais si les représentations du théâtre classique furent nombreuses de son temps, il n'y eut point de « grands talents » capables d'illustrer son règne, comme d'autres l'avaient fait pour le règne de Louis XIV. Il faut faire une place, faute de mieux, à RAYNOUARD, avec sa tragédie des *Templiers* (1805). Plus tard, tout en conservant le cadre classique, certains s'efforceront de renouveler quelque peu l'inspiration tragique : Casimir DELAVIGNE, par exemple, avec ses *Vêpres siciliennes* (1819), SOUMET avec sa *Jeanne d'Arc* (1825) ou Pierre LEBRUN tirant de Schiller une *Marie Stuart*. Mais, à l'époque du romantisme naissant, on trouve encore un DE JOUY pour faire représenter une tragédie romaine (*Sylla*) et un PICHAT pour donner un *Léonidas*. La comédie n'était pas mieux partagée avec PICARD, dont les pièces remportent pourtant un vif succès sous l'Empire (*La Petite Ville ; Monsieur Musard ; Les Ricochets*). Aussi éloigné de la tradition classique que des ambitions romantiques, se satisfaisant d'intrigues bien nouées — et bien dénouées —, SCRIBE, de son côté, commence en 1811 son interminable carrière. Le drame bourgeois, qui avait connu ses heures de gloire au XVIIIᵉ siècle, se meurt et va aboutir, de pair avec la « comédie larmoyante » et la tragédie en train d'agoniser, à ce genre extraordinairement vivace que sera le mélodrame.

2. Le mélodrame

Dès 1775, Rousseau avait composé un *Pygmalion*, qualifié de mélodrame, et qui se fondait sur l'alternance de la musique et de la parole. Mais le genre devait prendre sa forme définitive grâce à ceux qui le firent par la suite triompher sur le boulevard du Temple — qu'on surnomma le « Boulevard du Crime » :

CUVELIER, CAIGNIEZ, et surtout **R.-C. Guilbert de Pixérécourt** (1773-1844). Lorrain émigré qui suivit l'armée des Princes, il connut une vie d'aventures avant de mettre sur le théâtre les aventures de la vie, les enlèvements et les fugues, les déguisements et les complots, la mort par le fer ou par le poison. Toutes les sources d'émotion, on les rencontre dans les 94 pièces qu'il fit jouer, à partir de 1797, en France ou en Europe. A ce genre populaire son créateur attribue volontiers des références illustres : « Il croit découvrir les véritables ancêtres du mélodrame dans les œuvres d'Eschyle, de Corneille avant *le Cid*, ou dans les comédies-ballets de Molière : toutes œuvres où se manifeste « la même tendance vers le merveilleux, le même attrait pour le plaisir des yeux », et où l'esthétique moderne est tentée de chercher le « baroque ». Théâtre à sensation, théâtre à grand spectacle, le mélodrame se range parmi toutes les formes d'art où le cœur et les sens ont plus de part que l'esprit : par là, il est bien dans la ligne de l'esthétique du drame » (Michel Lioure, *le Drame*, 1963, p. 37). Parmi les pièces de Pixérécourt qui déchaînèrent l'enthousiasme du plus vaste public, on retiendra *Cœlina ou l'Enfant du mystère* (1800) et, en 1810, *les Ruines de Babylone*, à la représentation desquelles se fit conduire par deux fois, accompagné de ses frères, un tout jeune garçon du nom de Victor Hugo. On est presque tenté de voir là une manière de symbole. Car, sans le mélodrame, le drame romantique n'aurait pas eu la forme que nous lui connaissons. Les libertés qu'il prendra avec le temps et le lieu, la couleur locale, l'histoire côtoyant la légende, le fantastique venant se superposer à la réalité — cela est déjà chez Pixérécourt, et aussi chez Caigniez ou chez ce Duval qui « travaille » avec succès dans l'inspiration médiévale. Et puis, comme le note encore M. Lioure (p. 38), « public, auteurs, acteurs, se forment à l'école du Boulevard. Les graves problèmes théoriques — unités, langage, mélange des tons — qui alimentèrent pendant vingt ans le débat entre classiques et romantiques, sont résolus sans ambages pour la joie des spectateurs ».

3. Vers le drame romantique

Le mélodrame avait le goût de l'histoire, mais ses auteurs l'évoquaient d'une manière qui n'avait rien de littéraire. Pixérécourt prétendait écrire pour ceux qui ne savaient pas lire; inversement, les auteurs de « scènes historiques » vont s'adresser à un public de lettrés qui préférera la lecture au coin du feu aux soirées agitées du Boulevard du Crime. C'est ainsi que MÉRIMÉE, dès 1825, donnera le *Théâtre de Clara Gazul* et que, sous le nom de M. de Fongeray, DITTMER et CAVÉ publient en 1817 *les Soirées de Neuilly*. Entre le mélodrame aux outrances trop systématiques et au style trop peu soutenu et ce théâtre historique décidément trop « littéraire », une nouvelle forme dramatique cherche sa voie ; on tourne volontiers les yeux vers les œuvres étrangères : les traductions se multiplient. En 1822, une troupe anglaise, venue jouer Shakespeare à Paris, y fut mal accueillie ; une autre, six ans plus tard, déchaîna l'enthousiasme…. Le goût, entre temps, avait évolué, aidé en cela par les premiers ouvrages théoriques du romantisme naissant.

4. Les théories

La mise au point initiale, à propos du théâtre, est due à STENDHAL, qui, dans **« Racine et Shakespeare »** (1823, réédité 1825), défend la cause du naturel et de la simplicité. Il affirme son admiration pour Shakespeare (comme Benjamin Constant, dès 1809, avait fait l'éloge de Schiller) et souhaite que la scène française s'ouvre à des pièces qui, tout en s'inspirant du grand dramaturge, conviennent au XIXe siècle : « Qu'est-ce que la tragédie romantique ? écrit-il. Je réponds hardiment : c'est la tragédie en prose qui dure plusieurs mois et se passe en des lieux divers. » Même mépris des fameuses unités sous la plume de MÉRIMÉE qui s'exprime ainsi dans le Prologue des *Espagnols en Danemark* (1825) : « Je ne vais pas m'informer, pour juger d'une pièce, si l'événement se passe en vingt-quatre heures, et si les personnages viennent tous dans le même lieu, les uns comploter leur conspiration, les autres se poignarder sur le corps mort, comme cela se pratique de l'autre côté des Pyrénées. »

Mais c'est la préface de **« Cromwell »** (1827) qui exprimera le plus complètement les aspirations de la nouvelle génération littéraire. On y retrouve le combat contre les unités, le souci de peindre le vérité, la louange de Shakespeare — tout cela rattaché à une théorie d'ensemble qui s'appuie sur les différents stades de l'évolution littéraire. HUGO écrit en effet : « Les temps primitifs sont lyriques, les temps antiques sont épiques, les temps modernes sont dramatiques. L'ode chante l'éternité, l'épopée solennise l'histoire, le drame peint la vie. » Et « Shakespeare, c'est le drame ; et le drame, qui fond sous un même souffle le grotesque et le sublime, le terrible et le bouffon, la tragédie et la comédie, le drame est le caractère propre de la troisième époque de la poésie, de la littérature actuelle. » D'où le « mélange des genres », d'où le rapport que le drame établit entre la nature et l'art :

Le drame est un miroir où se réfléchit la nature. Mais si ce miroir est un miroir ordinaire, il ne renverra des objets qu'une image terne

> *et sans relief, fidèle, mais décolorée ; on sait ce que la lumière et la couleur perdent à la réflexion simple. Il faut donc que le drame soit un miroir de concentration qui, loin de les affaiblir, ramasse et condense les rayons colorants, qui fasse d'une lueur une lumière, d'une lumière, une flamme. Alors seulement le drame est avoué de l'art.*

Quant au but de l'art lui-même, il est « presque divin : ressusciter, s'il fait de l'histoire ; créer, s'il fait de la poésie ». L'un des moyens de l'art, pour le poète dramatique, ce sera l'emploi du vers (contrairement, notons-le, à ce que préconisait Stendhal). Mais quel vers ?

> *un vers libre, franc, loyal, osant tout dire sans pruderie, tout exprimer sans recherche ; passant d'une naturelle allure de la comédie à la tragédie, du sublime au grotesque ; tour à tour positif et poétique, tout ensemble artiste et inspiré, profond et soudain, large et vrai ; sachant briser à propos et déplacer la césure pour déguiser sa monotonie d'alexandrin ; plus ami de l'enjambement qui l'allonge que de l'inversion qui l'embrouille ; fidèle à la rime, cette esclave reine, cette suprême grâce de notre poésie, ce générateur de notre mètre ; inépuisable dans la variété de ses tours, insaisissable dans ses secrets d'élégance et de facture ; prenant, comme Protée, mille formes, sans changer de type et de caractère, fuyant la tirade ; se jouant dans le dialogue ; se cachant toujours derrière le personnage ; s'occupant avant tout d'être à sa place, et lorsqu'il lui adviendrait d'être beau, n'étant beau en quelque sorte que par hasard, malgré lui et sans le savoir ; lyrique, épique, dramatique, selon le besoin ; pouvant parcourir toute la gamme poétique, aller de haut en bas, des idées les plus élevées aux plus vulgaires, des plus bouffonnes aux plus graves, des plus extérieures aux plus abstraites, sans jamais sortir des limites d'une scène parlée ; en un mot, tel que le ferait l'homme qu'une fée aurait doué de l'âme de Corneille et de la tête de Molière. Il nous semble que ce vers-là serait bien aussi beau que de la prose.*

Il restera à entendre une voix : celle d'Alfred DE VIGNY, qui, dans la *Lettre à Lord****, en 1829, se fera, d'une manière toute personnelle, le porte-parole de la « tragédie moderne ». La même année, ALEXANDRE DUMAS fait jouer *Henri III et sa cour*. Des paroles, on passe aux actes, des écrits théoriques à la dangereuse mais exaltante confrontation de l'écrivain avec son public. L'heure est venue pour le drame romantique de faire ses preuves.

LA VIE DE VIGNY (1797-1863)

1797 (27 mars). **Naissance** d'Alfred de Vigny à **Loches** (entre Tours et
Châteauroux), où ses parents se sont mariés en 1790. Le
chevalier Léon de VIGNY, son père, est alors âgé de soixante
ans ; des blessures de guerre l'ont rendu à demi infirme et
il a reçu la croix de Saint-Louis. Mme de Vigny, née Marie-
Jeanne de BARAUDIN, de vingt ans plus jeune que son époux,
a mis au monde, auparavant, trois autres fils, morts au berceau.
Du côté des ancêtres paternels, des terres en Brie et en Beauce,
notamment le domaine de Gravelle ; une noblesse qui remonte
à Charles IX. Chez les Baraudin, à l'origine, des Piémontais
qui se mirent au service des ducs de Savoie, toute une lignée
de gouverneurs du château de Loches, et des marins (dont
Bougainville). Les deux familles payèrent un lourd tribut à
la Terreur.

1798 Les parents de Vigny s'installent à Paris et occupent un
appartement dans l'ancien palais de l'Élysée-Bourbon. Ils
y demeureront six ans. C'est là que se passe la première
enfance du poète, que sa mère éduque avec la sévère attention
d'une femme soucieuse d'endurcir le corps et l'âme de son
fils unique (ablutions froides hiver comme été).

1807 Début des **études** secondaires. Vigny est pris en charge comme
demi-pensionnaire par l'Institution Hix, où il devient le
souffre-douleur de certains de ses camarades : « *Quelquefois,
ils me disaient : — Tu as un de à ton nom : es-tu noble? Je
répondais : — Oui, je le suis. Et ils me frappaient. Je me
sentais d'une race maudite et cela me rendait sombre et pensif.* »
(*Journal*, 1847). « *Ils s'indignaient de voir des prix d'excellence
donnés constamment à un petit garçon dont le corps ressemblait
par sa délicatesse à celui d'une petite fille* » (*ibid.*). En fin de
compte, le bon élève se met à négliger son travail, et ses
parents ne peuvent que le retirer de la pension Hix.

1810-1811 Période un peu anarchique dans le domaine des études.
Le vieil abbé Gaillard, qu'on lui a donné comme précepteur,
lui laisse volontiers la bride sur le cou : lectures abondantes
et désordonnées ; exercices insolites qui le passionnent (on lui
fait traduire Homère en anglais !) ; premiers essais littéraires.

1811-1814 Il faut pourtant choisir une carrière : « *Je sentis la nécessité
d'entrer dans l'action et, n'hésitant pas à me jeter dans les
extrêmes ainsi que je l'ai fait toute ma vie, je voulus être officier* »
(*ibid.*). Et voilà Vigny préparant Polytechnique au **Lycée
Bonaparte** (aujourd'hui Condorcet). Il ne songe nullement
à échapper au climat d'exaltation épique qui règne parmi
ses condisciples — et aussi parmi ses maîtres, dont certains

commentent en classe les campagnes et les victoires du nouveau
César. Il reste toutefois étroitement soumis à l'emprise fami-
liale : admiration pour une mère qui lui enseigne la fierté
nobiliaire et la rigueur morale; respect affectueux pour un
père qui évoque sans cesse le temps des vieilles guerres et
entretient au foyer « *une conversation élevée, élégante, pleine
de connaissance des choses et des hommes, le ton du meilleur
monde...* ».

Le jeune Vigny commence à fréquenter le monde monar-
chiste du Faubourg Saint-Germain, retrouvant là quelques-
uns des aristocrates qu'il avait côtoyés au cours de ses études,
sans toutefois se lier d'amitié avec eux : un Xavier de
Ravignan, un Alfred d'Orsay, qui sera demain le prince des
dandys. Nouvelles lectures, aussi : Corneille, Eschyle, et les
livres graves conseillés par sa mère (qu'on dit teintée de
jansénisme) : Pascal, et *l'Imitation de Jésus-Christ*.

1814-1815 A la chute de Napoléon, Vigny s'empresse d'arborer une
cocarde blanche à son chapeau. « Et, dans l'Empire qui
s'écroule, il semble que l'ambition du jeune homme puisse
enfin s'accorder avec les fidélités royalistes de sa famille.
Ses parents lui achètent un brevet de gendarme du roi; il
est **sous-lieutenant dans les compagnies rouges** de la Garde.
Il est en route, enfin, vers sa destinée d'homme » (Pierre
Moreau, « *les Destinées* » *de Vigny*, p. 16). Dans les directives
qu'à ce moment décisif sa mère rédige à son intention, c'est
la volonté qui est présentée comme la vertu cardinale :
« Qu'elle soit toujours la maîtresse de tes sens; qu'elle fasse
régner l'ordre en toi-même. »

Arrivent les Cent-Jours. Vigny, bien que blessé à la jambe
par une chute, fait partie de l'escorte qui accompagne le
roi en fuite sur la route des Flandres. C'est de cette époque
qu'il date *la Dryade* et *Symétha*, mais peut-être ces poèmes
ne furent-ils composés en réalité qu'après la parution des
œuvres de Chénier.

En septembre 1815, la Garde rouge est dissoute.

1816 Le jeune sous-lieutenant est affecté, sur requête de Mme de
Vigny, au 5e régiment de la **Garde royale,** cantonné à
Versailles. « Il attend impatiemment les grands événements
capables de révéler, aux yeux de tous, ses ambitieuses aptitudes à l'action; il les attendit quatorze ans à l'armée; on
peut dire que, dans la société civile, il les attendit de même
toute sa vie » (E. Lauvrière, *A. de Vigny, sa vie et son œuvre*,
t. I, p. 24). En lieu et place des campagnes militaires, commence
la vie de garnison. Vigny s'abandonne à des liaisons éphémères;
son camarade, le futur poète Gaspard de Pons, l'entraîne

dans cette voie. Mais surtout les essais littéraires se multiplient : ébauche d'*Héléna* et d'une tragédie : *Julien l'Apostat*. Puis c'est le deuil : **son père meurt** le 25 juillet.

1817-1819 La « réclusion des régiments » se poursuit. Nouvelle tragédie en chantier : *Antoine et Cléopâtre*. Le 5e régiment tient maintenant garnison à **Vincennes,** où Vigny se trouve lors de la fameuse explosion évoquée dans *Servitude et Grandeur militaires* (livre II). « Peut-être le poète connaît-il à ce moment-là l'amertume durable provoquée par un amour impossible : on n'a pu que le conjecturer » (B. de la Salle, *Alfred de Vigny*, p. 31-32).

1820 Fréquentation d'un salon ami, celui de la famille DESCHAMPS. Les deux fils, Émile et Antoni, se font les apôtres du romantisme naissant, accueillent Soumet, Jules de Rességuier, H. de Latouche (qui vient de publier les œuvres de Chénier) et surtout le très jeune directeur du *Conservateur littéraire*, Victor Hugo. C'est le coup de foudre de l'amitié. **Vigny et Hugo** s'écrivent, s'encouragent et s'exaltent mutuellement. Une traduction de Byron vient de paraître, et Vigny consacre à l'auteur de *Manfred* un article que Hugo publie dans sa revue, où sera imprimé peu après un premier poème (*le Bal*).

1822 (mars). Le recueil des **« Poèmes »** est mis en vente. Succès assez limité, mais les louanges ne manquent pas dans le cercle enthousiaste que fréquente leur auteur. Presque en même temps sont publiées les *Odes* de Hugo, et *le Moniteur* écrit à propos des deux ouvrages : « La moindre préférence serait une injustice. » Vigny, en octobre, est l'un des témoins de Hugo à son mariage. Il fait paraître un poème en plaquette : *le Trappiste*. C'est aussi l'année où, en garnison à Courbevoie, il est nommé **lieutenant, à l'ancienneté.**

1823 Vigny hante le salon de Mme ANCELOT qui évoque avec attendrissement, dans ses Mémoires, ce « Chérubin blond, vif et alerte, et déjà officier [...], un peu mauvais sujet ». C'est chez elle qu'il fait la connaissance de Delphine GAY, qui deviendra Mme de Girardin. Belle et douée pour la poésie, la « Muse du Cénacle », qu'on nomme aussi la « Muse de la Patrie », s'éprend de ce poète qui porte si bien l'habit militaire et danse à miracle. Mais Mme de Vigny veille : la famille Gay n'a pas d'espérances, Delphine ne sera pas la femme du comte de Vigny. Celui-ci se trouve, à point nommé, éloigné de Paris : promu **capitaine,** il est versé dans l'infanterie, au 55e de ligne, qui tient ses cantonnements à Strasbourg. Presque aussitôt, il part pour Bordeaux. Long voyage, pendant lequel Vigny ne se sépare guère de sa Bible et médite ses ouvrages à venir. Il profite de l'étape d'Angoulême pour se rendre auprès de sa tante la chanoinesse, en ce domaine charentais du **Maine-Giraud** où il fera plus tard de longs séjours. De Bordeaux, il envoie des poèmes à *la Muse française* (*Dolorida*, *Sur la mort de Byron*) et aux *Tablettes romantiques* que dirige Abel Hugo (*La Prison*, *La Neige*), et il esquisse une tragédie de *Roland*. C'est là qu'il rencontre Marceline DESBORDES-VALMORE : elle gardera de lui un souvenir ébloui. A la fin de l'année, le régiment s'installe aux confins pyrénéens, avec la perspective d'une intervention en Espagne : mais les soldats du roi ne franchiront pas la frontière.

1824 En garnison à **Orthez,** puis à **Oloron.** Cruelle déception sentimentale, due à une mystérieuse Mlle de F... Au printemps, congé de trois mois, que le poète passe à Paris. A son retour, il voit l'opposition à la monarchie et à ses officiers se manifester avec vigueur en Béarn. C'est également une année d'inspiration biblique : publication d'*Eloa*, composition du *Déluge*. Le poème de *Moïse* daté de 1822, pourrait bien, en fait, avoir été parachevé à cette époque. Un peu plus tard, il écrit *le Cor* (après une excursion au Cirque de Gavarnie) et prépare le roman de *Cinq-Mars*.

En septembre, à **Pau,** c'est la rencontre de **Miss Lydia Bunburry.** La blonde jeune fille, de deux ans sa cadette, a pour père un très riche colon britannique. Devant le refus qu'il oppose à la demande en mariage d'un Alfred de Vigny éperdument amoureux, des amis du poète ont recours à un incroyable stratagème : ils convient Sir Hugh à un repas copieusement arrosé, et lui arrachent son consentement alors qu'il se trouve dans les brumes de l'alcool (voir les *Mémoires* du baron Duplaa, présentés par Franz Toussaint dans *les Nouvelles littéraires* du 15 novembre 1951). C'est ainsi que Vigny épousa Lydia, mais sans dot appréciable.

1825 (3 février). Le mariage est célébré au temple protestant de Pau ; un peu plus tard, cérémonie catholique à la Madeleine. Vigny se fait mettre **en congé** et présente sa femme au monde du Faubourg. Mais Lydia témoigne de beaucoup de gaucherie dans le langage et les manières, et sa santé s'altère rapidement. Elle aime son mari, mais ne goûte nullement sa poésie. D'emblée, ce mariage est un échec.

1826 « **Cinq-Mars** » paraît en avril (succès de librairie, mais vives critiques de Sainte-Beuve). Lecture froidement accueillie, chez Mme d'Agoult, du poème *la Frégate « La Sérieuse »*. Vigny, qui a installé son foyer rue de Miromesnil (faubourg Saint-Honoré), se tourne vers les salons mondains de l'aristocratie (princesse de Ligne, duchesse de Maillé) et publie les « **Poèmes antiques et modernes** ».

1827   C'en est fini de l'armée : le 22 avril, le capitaine de Vigny, **réformé** définitivement, est rayé des cadres. L'inspiration poétique semble négligée au profit du théâtre : traduction de *Roméo et Juliette*, en collaboration avec Émile Deschamps. Vigny, s'il obéit par là au mouvement qui porte le romantisme vers la scène, se détache pourtant sensiblement de ses anciens compagnons de route. Le Hugo de la Préface de *Cromwell* fait maintenant figure de chef de file unique, affiche des tendances libérales, collabore au *Globe*. Vigny, pendant ce temps-là, est à la recherche d'un style dramatique — et continue de traduire Shakespeare. L'amertume grandit, la crise intime s'aggrave : « Il avait espéré sans doute devenir le général de l'armée romantique; il n'est qu'un membre du Cénacle parmi d'autres », note M. P.-G. Castex (*Vigny, l'homme et l'œuvre*, p. 23). Les problèmes d'esthétique littéraire, cependant, le préoccupent : il écrit les *Réflexions sur la vérité dans l'art*, qui serviront de préface à *Cinq-Mars*.

1829   Nouvelle édition des *Poèmes*, en mai. Le 17 juillet, Vigny lit sa traduction d'*Othello* en présence de Hugo et du jeune Alfred de Musset. La pièce est représentée à la Comédie-Française le 24 octobre : opposition un peu bruyante des « classiques », succès auprès des jeunes romantiques. Vigny rédige quelques jours plus tard la *Lettre à Lord****, où il expose son système dramatique. — *Shylock*, tiré du *Marchand de Venise*, n'est pas inscrit au programme de l'Ambigu-Comique, qui l'avait d'abord accepté. Après *Othello*, l'amitié avec Hugo se relâche, et en décembre Vigny écoute, avec une froideur polie, la lecture d'*Hernani*.

1830   Il fait la connaissance de **Marie Dorval,** que Dumas lui aurait présentée au Café des Variétés. L'actrice, au demeurant mariée et mère de famille, accueille Vigny à son foyer. Alors âgée de trente-et-un ans, « elle était mieux que jolie, elle était charmante; et cependant elle était jolie, mais si charmante que cela était inutile » : c'est en ces termes un peu précieux que la définit George Sand. Chez Mme Dorval, le 5 octobre, il donne lecture de son premier drame, *la Maréchale d'Ancre*. Les Journées de juillet ne le laissent pas pour autant indifférent, et les pages qu'il y consacre dans son *Journal*, le montrent sévère à l'égard de Charles X. Il s'intéresse d'ailleurs au Saint-Simonisme et approuve les idées de Buchez, avec qui il entre en rapports.

1831 (11 février).   Entrevue décevante avec Louis-Philippe, à la suite de laquelle il décide de vivre « indépendant, inoffensif, séparé » (*Mém.*, p. 123). Toujours troublé par la situation politique et sociale, il se rapproche de Lamennais, publie en avril une lettre dans *l'Avenir* et écrit le poème *Paris* (sous-titré : *élévation*). Publication de *l'Almeh* (fragments) dans la *Revue des Deux Mondes* d'avril et mai.

25 juin : première de *la Maréchale d'Ancre* à l'Odéon. D'octobre à décembre, la *Revue des Deux Mondes* fait paraître les deux premières parties de « **Stello** ». Cette année-là, le ménage Vigny s'installe rue des Écuries d'Artois.

1832 En avril, le poète est atteint par une forme bénigne du choléra qui sévit à Paris. Il brûle des manuscrits, en particulier ceux des tragédies écrites dans sa jeunesse. Les *Annales romantiques* publient *les Amants de Montmorency* — une nouvelle *élévation* — et, en juin, l'édition complète de « **Stello** » paraît en librairie. Vigny prend ombrage de la gloire de Hugo et s'éloigne de lui définitivement. Il commence à se montrer jaloux de l'intimité entre Marie Dorval et George Sand.

1833 La mère du poète est victime d'une attaque de paralysie. 1er mars : *la Revue des Deux Mondes* publie le premier volet de « *Servitude et Grandeur militaires* » : *Laurette ou l'ordre cacheté*, qui deviendra *le cachet rouge*. Vigny reçoit peu après la croix de la Légion d'honneur (30 avril) et, le 30 mai, il fait jouer *Quitte pour la peur* à l'Opéra. Ce proverbe en un acte permet enfin à Marie Dorval de tenir un rôle dans une pièce de son amant.

1834 *La Veillée de Vincennes* (second épisode de *Servitude et Grandeur militaires*) paraît dans la *Revue des Deux Mondes* (1er avril). Vigny songe à donner une suite à *Stello*. Il écrit « **Chatterton** » (terminé le 30 juin). En août, le Comité de lecture de la Comédie-Française refuse la pièce, mais, sur l'intervention personnelle du roi, Jouslin, le directeur-gérant, prend sur lui de passer outre et de la faire jouer. Mme Dorval sera Kitty Bell.

1835 (janvier). Mise en répétition de *Chatterton* dont la première représentation a lieu, avec grand succès, le 12 février. Le drame tiendra l'affiche jusqu'en juillet. A ce moment, Marie Dorval est sollicitée pour interpréter un rôle dans *Angelo, tyran de Padoue*, de Victor Hugo. Vigny, cependant, encouragé par sa réussite au théâtre, envisage d'écrire une nouvelle pièce. Ce projet fait long feu.

En octobre, il publie « **Servitude et Grandeur militaires** » en librairie, tandis que le troisième épisode (*La Canne de jonc*) paraît en même temps dans la *Revue des Deux Mondes*.

1836 Marie Dorval est en tournée tout au long de l'année (notamment dans le Midi). Vigny se consacre à d'abondantes lectures en vue de la rédaction de *Daphné*. Il se plonge notamment dans les Pères de l'Église et les œuvres de Julien l'Apostat

— qui sera le héros de son livre. Voyage en Angleterre (de la mi-juillet à la mi-septembre).

1837 Vigny travaille à *Daphné*. Il procure une nouvelle édition (définitive) de ses *Poèmes*, auxquels s'ajoutent, cette fois, les « élévations ». Des motifs réciproques de jalousie surgissent entre le poète et Mme Dorval : la comédienne protège de manière provocante un de ses jeunes camarades (Mélingue) et accorde ses faveurs à Jules Sandeau ; Vigny, de son côté, ne quitte guère une jeune Américaine, parente de sa femme : Julia BATTLEGANG, accompagnée de sa sœur Marie, est venue à Paris étudier les beaux-arts et s'installe dans un atelier montmartrois.

21 décembre : **mort de sa mère.** Il note dans son *Journal* : « *Depuis quatre ans j'avais reçu ses continuelles tendresses et des adieux intérieurement destinés à moi, mais qu'elle n'osait exprimer pour ne pas trop s'attendrir. Là sont mes consolations secrètes. Ses mots échappés nourrissent mon amour pour elle, et apaisent un peu ma douleur ; mais pourquoi ne plus entendre sa voix ?* »

1838 C'est l'année de la **rupture avec Marie Dorval.** Le poète, par deux fois, cherche à différer l'inévitable dénouement. Une amie, Mme Duchambge, s'entremet et tâche de convaincre Vigny de rompre. Celui-ci, finalement, condamne sa porte à la comédienne et part pour les Charentes.

21 septembre : Installation **au Maine-Giraud** : « *Ce manoir [...] est posé sur une petite colline comme sur un piédestal formé d'un seul roc. Une pelouse de verdure épaisse recouvre le dos arrondi de ce rocher jusqu'au pied des murailles grisâtres. De cette élévation, on peut alors découvrir un cirque de collines. au milieu duquel cette demeure est placée. Cette circonférence parfaite semble avoir été tracée au compas* » (*Mémoires* inédits, p. 10). C'est là qu'en deux jours (30-31 octobre) Vigny compose *la Mort du loup*. Mais dès novembre il doit partir pour **Londres,** où son beau-père vient de mourir, après avoir déshérité Lydia. C'est le début d'un long et pénible procès.

1839 Le séjour à Londres se prolonge jusqu'au printemps. Vigny est admis à l'**Athenaeum Club,** va au spectacle (une représentation de *la Tempête* avec le fameux acteur shakespearien Mac Ready provoque son enthousiasme), est introduit par d'Orsay dans le salon de Lady Blessington, où il rencontre Louis-Napoléon Bonaparte. Il fréquente les milieux littéraires, fait la connaissance de Carlyle — et d'une jeune femme d'origine genevoise, Camilla MAUNOIR, avec qui il entretiendra, par la suite, une correspondance non exempte d'amitié amoureuse.

De retour à Paris, il retrouve Julia — et aussi son foyer de la rue des Écuries d'Artois, où il se met à tenir salon. A ses « mercredis » viennent les familles du Faubourg, des écrivains (Brizeux, le fidèle Émile Deschamps), des musiciens (Berlioz, Liszt), des acteurs (Bocage), des amis de longue date comme le ménage Holmès.

1840 Période de relations mondaines. On voit souvent Vigny chez Mme d'Agoult, qui vient de rompre avec Liszt et qui fait don au poète d'un cachet de cristal sur lequel est gravé l'ultime message de *Stello* : « Pourquoi? » et « Hélas! ».

1841 Alerté par la fille de l'écrivain Sedaine, Vigny s'intéresse activement au problème de la propriété littéraire.
Il donne un article sur ce sujet à la *Revue des Deux Mondes* du 15 janvier, sous la forme de « lettre ouverte à Messieurs les Députés ». Trois jours plus tard, le ministre de l'Instruction publique, Villemain, dépose un projet de loi favorable à la propriété littéraire, appuyé peu après par un rapport de Lamartine. Le 23 mars, le projet est repoussé. Vigny et Balzac assistaient à la séance.

1842 **Candidature malheureuse** à toutes les élections académiques de l'année. Les visites d'usage aux académiciens se succèdent — et le poète note ses impressions dans son *Journal* (il trouve Chateaubriand affable, Guizot agréable, mais voit en Royer-Collard un « vieillard aigri »). Il s'obstine, apparemment soucieux de s'intégrer à l'élite officielle dont font déjà partie Hugo et Lamartine. C'est le moment où il se détache du Saint-Simonisme et du socialisme — et où il élabore *la Maison du berger*.

1843 Coup sur coup, la *Revue des Deux Mondes* imprime trois poèmes qui prendront place plus tard dans *les Destinées : la Sauvage* (15 janvier); *la Mort du loup* (1er février); *la Flûte* (15 mars). A l'Académie, nouveaux échecs. Vigny est notamment battu par Sainte-Beuve et par Mérimée.

1844 (1er juin). *Le Mont des Oliviers.* Le poème est présenté dans la *Revue des Deux Mondes* comme « le prologue des poèmes philosophiques de M. de Vigny ». Il ne comporte pas la strophe finale du « Silence ». Le 15 juillet, la même revue publie *la Maison du Berger (Lettre à Eva).*

1845 (8 mai). **Élection à l'Académie française**, au fauteuil du vaudevilliste Étienne. Vigny obtient 20 voix sur 33 votants Hugo, Lamartine, l'historien Mignet ont fait campagne en sa faveur.

1846 Depuis plusieurs semaines, le **Discours de réception** de Vigny est entre les mains du comte Molé, qui doit lui répondre. Le

5 janvier, le ministre Villemain vient trouver chez lui le nouvel académicien et lui demande d'inclure dans son discours un éloge du roi Louis-Philippe; Vigny, à ce qu'il rapporte, refuse avec hauteur, mais Villemain ne se tient pas pour battu et lui demande « de faire du moins l'éloge d'un de ces princes charmants qui entourent le Roi ». Nouveau refus. C'est alors le chantage : si le poète se montre obéissant, on lui promet un siège à la Chambre des Pairs. Vigny ne cède pas : « *Quant à mon discours, que je n'ai pas là, il restera tel que je l'ai écrit, Monsieur, sans un mot de moins*, et surtout *sans un mot de plus* » (*Mémoires*, p. 215-217). Le 29 janvier, Vigny prononce son discours (éloge difficile d'un auteur léger; intéressante distinction entre le Penseur et l'Improvisateur). La réponse de Molé — qui traduit la rancune du pouvoir — contient des critiques acerbes contre *Cinq-Mars* et contre *Servitude et Grandeur militaires*.

L'usage voulait que l'académicien récemment élu fût présenté au roi par celui qui l'avait reçu. Vigny s'y refuse et Louis-Philippe tourne la difficulté en invitant lui-même le récalcitrant à une réception intime (14 juin).

1847   Travail. Rédaction de pages des *Mémoires*. Généralement de nuit, le poète écrit *la Bouteille à la Mer* et *Wanda*. Au foyer des HOLMÈS, ce ménage ami, naît une petite Augusta dont il semble prouvé — contrairement à une légende qui eut cours assez longtemps — qu'elle n'était pas la fille de Vigny.

1848   (24 février). Il voit disparaître sans regret ce « trône de carton ». « *Depuis un an*, note-t-il dans ses *Mémoires* (p. 139 et suiv.), *tout le monde voyait une révolution s'amasser et s'avancer, excepté le roi Louis-Philippe [...]. Trois journées avaient renversé la branche aînée; pour la branche cadette, il suffit de trois heures.* » Deux mois plus tard, le comte de Vigny est candidat aux élections à l'Assemblée et se présente devant les électeurs laïcs et conservateurs du pays charentais. « En lui, l'homme de progrès acceptait la République, l'ancien légitimiste se réjouissait de la chute d'un trône usurpé. Il prononce la phrase qu'il répétera jusqu'à son lit de mort : *Aujourd'hui vaut mieux qu'hier; demain vaudra mieux qu'aujourd'hui* » (P. Flottes, *Alfred de Vigny*, p. 250). Mais il néglige d'aller faire campagne sur place et son programme demeure flou. Il est battu. Après les Journées de juin, il prend le parti de s'installer **au Maine-Giraud**, et souhaite qu'on lui écrive : « à Alfred de Vigny, **vigneron** ».

1849   Le châtelain du Maine-Giraud se partage entre les soins à donner à sa femme — sans cesse souffrante —, la correspondance avec ses amis parisiens (en particulier Busoni), et l'installation d'une distillerie de cognac. Les soirs d'hiver, il ne dédaigne pas de jouer aux cartes avec ses domestiques; au village voisin, il baptise une cloche. Attitude patriarcale — qui n'empêchera pas, cependant, un nouvel échec électoral, en avril. Dans le domaine littéraire, rédaction du poème *les Destinées*, où Vigny exprime ses conceptions religieuses en adoptant le rythme de la *terza rima* de Dante. D'octobre à décembre, il est Directeur de l'Académie, c'est-à-dire président de séance, ce qui le remplit d'aise. Cette année, qui a vu la mort de Marie Dorval, est aussi celle de la reprise de *Quitte pour la peur*.

1850   Retour en Charente au printemps. Commencent les années du **grand silence** de Vigny, que les critiques ont diversement expliqué et interprété. M. Lauvrière parle d' « impuissance extatique »; M. Bertrand de La Salle écrit : « Toutes les grandes œuvres de Vigny [...] sont des œuvres du **tourment d'être**. Il n'a pas de cordes mineures à son arc, pas de *Chansons des rues et des bois*. Il n'aura pas, au Maine-Giraud, sous la futaie, capté les jeux de la lumière et de l'ombre » (p. 252). Correspondance avec Camilla Maunoir et Alexandrine du Plessis.

1851   Vigny écrit la strophe finale du *Mont des oliviers*, qu'il datera de 1862. Il ébauche des romans, des poèmes, dans le réduit situé en haut de sa tour, « une petite cabine entièrement lambrissée de chêne rustique. Pas de meuble, sinon une sorte de lit qui sert de siège, et un coffre qui sert de table. L'été, sans rien voir, il entend le frémissement des arbres et le cri des laboureurs; l'hiver, à partir de 1851 semble-t-il, le poète frileux s'enveloppe d'un manteau monacal dont le capuchon descend sur ses yeux.... » (P. Flottes, p. 273). C'est l'époque de la rédaction des *Mémoires*.

1852   Le **Coup d'État**, malgré sa « rudesse », est loin de déplaire à Vigny, qui, après le succès du plébiscite, note que « sept millions de votes viennent de frapper d'un coup de massue le communisme ». Réaction qui est en partie celle d'un propriétaire terrien rassuré, car « dans sa terreur du socialisme, il entre une large part d'intérêt personnel » (P. Flottes, p. 273). Le 10 octobre, le Prince-Président, en voyage de propagande, invite Vigny à dîner à Angoulême. Celui-ci, séduit par la personnalité de Louis-Napoléon (déjà rencontré à Londres), s'imagine bientôt membre du Sénat impérial. Mais là encore ses ambitions politiques seront déçues.

1853   Départ définitif du Maine-Giraud.

1854   (1er février). La *Revue des Deux Mondes* publie *la Bouteille à la mer*. Liaison avec **Louise Colet** — qui vient de rompre avec

Flaubert. Elle est très belle et le sait (formule qu'on lui prête : « On a retrouvé dans mes manches les bras de la Vénus de Milo »).

1855   Vigny écrit les billets de *Wanda*.

1856   Luttant contre la vieillesse qui vient, le poète, au témoignage de certains, se farde et se parfume : « Quand je vois passer M. de Vigny, disait Mérimée [...], je me demande si c'est un vieux parfumeur qui serait devenu fou, ou une figure de cire du Musée Tussaud » (F. Bac, *Mérimée inconnu*, p. 124). Le 25 octobre, au retour d'une soirée chez l'Empereur, à Compiègne, le valet de chambre de Vigny rapporte à son maître des propos qu'il a entendus ce soir-là dans la bouche d'un garde, affirmant qu'il « couperait bien la tête à l'empereur ». Le lendemain, Vigny signale la chose aux autorités responsables.

1857   Reprise de *Chatterton*. Il fait la connaissance de Louis Ratisbonne, qui deviendra son exécuteur testamentaire.

1858   A Louise Colet succède **Augusta Bouvard**, jeune institutrice férue de grammaire, que le poète installe rue du Colisée. Vigny est devenu un peu prématurément un vieux monsieur très « vieille France », à la voix douce.

1861   Il commence à sentir les atteintes du mal dont il mourra. Il bâtit le plan du recueil de ses « poèmes philosophiques ».

1862   Achèvement du poème *les Oracles*, dans lequel il fustige les orateurs politiques, et singulièrement ceux de la Monarchie de Juillet. Le texte est daté du 24 février — jour anniversaire de l'insurrection de 1848.
Relations avec Baudelaire. L'auteur des *Fleurs du mal* (que Vigny appelle « fleurs du bien ») compte sur lui pour s'opposer à la tendance orléaniste de l'Académie française, dont il brigue les suffrages.
22 décembre : **mort de Lydia de Vigny**, victime d'une congestion.

1863   Le poète, **malade**, ne quitte plus la rue des Écuries d'Artois. Il reçoit parfois la visite d'Augusta Bouvard. Il a encore en tête des projets littéraires, défend Littré contre les attaques dont il est l'objet. Le 10 mars, il achève *l'Esprit pur*, son testament intellectuel.
Au début de septembre, il reçoit la visite d'un prêtre, l'abbé Vidal, curé de Bercy, venu « en ami ». Il écrit une dernière lettre (à Mme de Balzac), lit Shakespeare et Gœthe. Assisté de voisins, qui se joignent à ses deux servantes, Alfred de Vigny **meurt à l'aube du 17 septembre**, après une nuit d'agonie. Les funérailles eurent lieu à Saint-Philippe du Roule et l'inhumation au cimetière Montmartre. Suivant ses ultimes volontés, aucun discours ne fut prononcé.

VIGNY : L'HOMME

Son physique. Un fin visage sous un grand front, des sourcils abondants. Une apparence frêle.

> Regardez-le dans son portrait en uniforme du musée Carnavalet ou dans le médaillon que modèlera plus tard David d'Angers, dans quelques caricatures aussi, qui le représentent fin, charmant, un peu délicat et comme angélique. N'est-ce pas le Vigny dont parlera son ami Fontaney — non point un Moïse au front tragique sur quelque Mont Nébo, mais...
>
> > *De Vigny, le frère des anges*
> > *Dont il a trahi les secrets?*
>
> > (Pierre Moreau,
> > « *Les Destinées* » *de Vigny*, p. 16-17).

Un tel physique n'est pas pour lui procurer l'aisance et l'autorité qu'exige la vie en société : « *Ce qui m'a fait le plus de tort dans ma vie, ç'a été d'avoir les cheveux blonds et la taille mince* », confie-t-il à son *Journal* en 1831.

A cela s'ajoutent les atteintes de la maladie. Déjà, à dix-neuf ans, il crachait le sang. Et les dernières années de sa vie lui apportèrent les terribles souffrances d'un cancer de l'estomac.

Sa sensibilité. Aux côtés d'une sensualité très vive — comme en témoignent certaines pages de sa correspondance — règne, chez le poète, une « sensibilité extrême », expression d'une grande nervosité; sensibilité « *refoulée dès l'enfance par les maîtres, et à l'armée par les officiers supérieurs* » (*Journal*, 1832). Rien d'étonnant, dès lors, à voir Vigny se réfugier dans la « sauvagerie » et prôner la solitude. Cela n'empêche pas, au demeurant, l'expression des sentiments — les plus violents ou les plus nobles : « *Je ne me sens jamais de spleen : j'ai trop de vie et d'activité de cerveau pour cet abattement; mais souvent une mauvaise humeur violente qui naît d'une indignation facilement exaltée par la vue de l'hypocrisie ou de la sottise* » (*J.*, 17 août 1832).

Dans les rapports humains, sa délicatesse donnera la préférence à la conversation à deux avec une femme aimée ou « *un homme d'un esprit élevé* » (*J.*, 1832).

Vigny « homme double »? Faut-il voir, dans le silence imposé à sa sensibilité naissante, l'origine d'une personnalité qui demeure énigmatique à plus d'un titre? Il faudrait tenir compte, également, de sa condition d'aristocrate exposé aux brimades de ses camarades de classe bonapartistes; de son sort d'officier, ivre d'action et soumis au long ennui de la vie de garnison. Plus que pour aucun autre écrivain, il est aisé de mettre Vigny en contradiction avec lui-même :

— dénonçant la vanité de la gloire (*Journal*, 1828) mais, l'âge venu, soutenant d'inlassables campagnes académiques;
— flétrissant les « plaideurs d'affaires publiques », mais se présentant deux fois à la députation.

On voit déjà se profiler l'accusation d'hypocrisie. Elle résulte, la plupart du temps, de la confrontation de ses œuvres avec sa vie privée. Le créateur d'Eloa et de Kitty Bell exalte la pureté, mais il se targue d'être « puissamment organisé pour la volupté physique ». Au sujet de ce dualisme, mise au point de M. Fr. Germain :

> ... Quand la sensualité de l'homme dans sa vie quotidienne l'emporterait toujours sur l'angélisme, il serait téméraire de conclure que cet angélisme est pure hypocrisie ou simple affaire de mode.
>
> (*L'Imagination d'Alfred de Vigny*, 1962.)

Et que penser de l'exigeant apôtre de la « religion de l'honneur » qui aurait joué, sous le Second Empire. le rôle d'un délateur — voire d'un « indicateur de police » (cf. le livre de M. Henri Guillemin, *Vigny, homme d'ordre et poète*, 1955)? Le vrai problème est de savoir pourquoi Vigny mit tant de zèle, ou du moins d'attention à démasquer d'éventuels ou imaginaires complots contre Napoléon III. Au-delà de sa sympathie pour le Prince-Président et pour son régime, il ne paraît pas interdit de voir là l'attitude d'un féal déçu par plusieurs souverains successifs et qui avait trouvé, en la personne de Louis-Napoléon, l'incarnation d'une légitimité de remplacement.

Son dévouement à l'égard de sa mère, qu'il soigne jour et nuit dans les derniers temps de sa maladie; son dévouement de « frère hospitalier » pour sa femme **Lydia** à peu près impotente : voilà le comportement d'un homme de cœur qui ne se dérobe pas à ses devoirs. Et cette affection pour sa femme semble bien avoir rencontré un écho constant en elle. Peu de temps après sa mort — et avant sa propre disparition, Vigny note dans son *Journal* : « *Jamais mon esprit de sacrifice n'a trouvé de sentiment de reconnaissance proportionné, excepté dans la tendresse de Lydia pour moi.* » (25 janvier 1863).

Reste alors la vie extra-conjugale du poète, et plus particulièrement sa liaison avec **Marie Dorval**. Commencée dans l'idylle, elle s'achève dans le déchirement; et elle nous révèle un homme mis à l'épreuve de la passion, soumis aux affres de l'abandon — et traduisant par la suite sa souffrance indignée dans *la Colère de Samson*. Il est toujours vain, dans ce domaine, de chercher à établir des responsabilités. Voici cependant deux versions :

> Une certaine légende a fait de Vigny une sorte de Séraphin auquel il aura fallu des années pour s'apercevoir qu'il aimait une gour-

gandine. C'est ainsi qu'un Sainte-Beuve se représente les choses. La vérité ne serait-elle pas plutôt que Vigny se révèle ombrageux à l'excès et que, par ses soupçons, il exaspère une femme qui croit n'avoir, à cette époque, rien à se reprocher ? N'est-il pas logique de penser qu'à ces manifestations jalouses, elle répond du tac au tac, et par la jalousie, et que voilà nos amants engagés dans l'engrenage infernal dont ils ne s'évaderont plus ?

(Bertrand DE LA SALLE, *Alfred de Vigny*, p. 112.)

Il éprouve un amour profond, exigeant, exclusif ; il rêve d'une communion spirituelle. — Or, Marie est trop capricieuse pour le satisfaire avec constance. Elle mène une vie fort libre, reçoit de nombreux amis et ne ménage pas toujours les susceptibilités du gentilhomme à la fois passionné et distant qui s'est épris d'elle. Elle ne se fait pas scrupule de lui manquer de parole : il la surprend, un soir de carnaval, à un bal où elle avait promis de ne pas aller. En outre, elle donne des représentations en province ; et l'ardeur des lettres qu'elle envoie ne rassure pas toujours son amant sur sa conduite pendant ses absences.

(P.-G. CASTEX, *Vigny, l'homme et l'œuvre*, p. 67-8.)

Ces dualismes n'ont pas fini d'alerter les critiques, la polémique reste ouverte...

Et c'est moins une réponse qu'une indication que nous livre le *Journal d'un poète* à la date du 9 juillet 1853 : « *La vie de l'homme est souvent le contraire du fond de son âme.* »

VIGNY : SON ŒUVRE

Poésie

Vigny s'est voulu avant tout poète. Il nous a laissé **deux recueils de vers** : l'un publié au début de sa carrière, et progressivement enrichi ; l'autre, posthume, contenant en partie des poèmes inédits et, pour le reste, des vers parus auparavant dans la *Revue des Deux Mondes*.

1822, « Poèmes ». Édition augmentée en 1826 sous le titre : **« Poèmes antiques et modernes »** ; d'autres poèmes viendront s'ajouter en 1829 et en 1837 (édition définitive). — Vigny y distingue : le *Livre mystique* (avec, notamment, *Moïse* et *Eloa*) ; le *Livre antique* ; et le *Livre moderne* (avec, en particulier, *le Cor*).

1864, « les Destinées ». Volume publié moins d'un an après la mort de l'auteur par les soins de son exécuteur testamentaire Louis Ratisbonne qui en choisit le titre. Ce recueil « philosophique » contient entre autres : le poème intitulé *les Destinées* ; *la Maison du berger* ; *la Colère de Samson* ; *la Mort du loup* ; *le Mont des oliviers* ; *la Bouteille à la mer* ; *l'Esprit pur*.

Théâtre

Pendant quelques années, Vigny écrit volontiers pour la scène. C'est l'époque où le romantisme part à la conquête du théâtre

(Dumas, Hugo, Musset) ; c'est aussi l'époque de la liaison de Vigny avec l'actrice Marie Dorval.

3 adaptations de Shakespeare (en alexandrins) :

Roméo et Juliette (en collaboration avec E. Deschamps), 1828 ; pièce non représentée.

Le More de Venise (adaptation d'*Othello*) ; jouée au Théâtre-Français en 1829.

Shylock (adaptation du *Marchand de Venise*) ; représentation prévue en 1830, puis le projet est abandonné.

2 drames en prose :

La Maréchale d'Ancre ; joué à l'Odéon, puis au Théâtre de la Porte Saint-Martin en 1831.

Chatterton ; joué au Théâtre-Français en 1835.

Une comédie :

Quitte pour la peur, un acte en prose ; joué à l'Opéra en 1833.

Œuvres en prose

Vigny se définit, dans son *Journal*, comme un « *moraliste épique* ». Cette double tendance de son inspiration et de son ambition, qu'on découvre dans certains de ses poèmes, se manifeste encore davantage dans ses récits en prose. L'événement historique, l'anecdote, le souvenir personnel ne nous sont pas rapportés par simple goût du pittoresque, mais en tant qu'illustrations particulièrement exemplaires d'une idée, d'un problème, d'une leçon. C'est ainsi que Vigny publiera successivement :

Cinq-Mars ou une conjuration sous Louis XIII, 1826.
Stello (Première consultation du Docteur Noir), 1832.
Servitude et Grandeur militaires, 1835.

Caractérisant ces trois œuvres dans son *Journal* (1835), l'auteur y reconnaît «... *les chants d'une sorte de poème épique sur la désillusion.* »

Ajoutons-y un récit posthume :

Daphné (Seconde consultation du Docteur Noir), texte publié en 1912 par les soins de Fernand Gregh.

Écrits intimes

Vigny a tenu registre de ses pensées pendant quarante années, de 1823 à sa mort. Des fragments en ont été édités pour la première fois par L. Ratisbonne sous le titre de *Journal d'un poète*, 1867. Fernand Baldensperger en a procuré, par la suite, une édition complète.

D'autres écrits personnels ont été réunis par M. Jean Sangnier sous ce titre :

Mémoires inédits, fragments et projets, 1958.

La *Correspondance* de Vigny a été publiée par Emma Sakellaridès, Léon Séché et F. Baldensperger.

BIBLIOGRAPHIE

Pour les *Œuvres complètes* de Vigny, on pourra se reporter soit à l'édition Conard soit à celle de la N.R.F. (Bibliothèque de la Pléiade, 2 vol.), publiées l'une et l'autre sous la direction de F. Baldensperger.

Parmi les éditions partielles, signalons celle des *Destinées* par V.L. Saulnier et celle de *Chatterton* par Liano Petroni (éd. critique).

De nombreux ouvrages ont été consacrés à Vigny ou à son œuvre. On pourra lire ou consulter avec profit :

P. Flottes, *La Pensée politique et sociale d'A. de Vigny*, 1926.

P. Moreau, « *les Destinées* » *d'Alfred de Vigny*, 1926; rééd. 1946.

F. Baldensperger, *A. de Vigny*, 1929.

B. de La Salle, *Alfred de Vigny*, 1939; rééd. 1963.

G. Bonnefoy, *la Pensée morale et religieuse de Vigny*, 1964.

E. Lauvrière, *A. de Vigny, sa vie et son œuvre*, 2 vol., 1946.

P.-G. Castex, *Vigny, l'homme et l'œuvre*, 1952.

H. Guillemin, *M. de Vigny homme d'ordre et poète*, 1955.

F. Germain, *l'Imagination d'A. de Vigny*, 1962.

P. Viallanex, *Vigny par lui-même*, 1964.

P. Flottes, *Vigny et sa fortune littéraire*, 1970.

Han Ryner, *Vigny amant ou tyran?*, 1971.

LE DRAME DE « CHATTERTON »

1. Vigny et le théâtre avant « Chatterton »

S'il est vrai que **Chatterton** soit la seule œuvre dramatique de Vigny qui compte aux yeux des lecteurs d'aujourd'hui, et aussi la seule qui ait obtenu un très grand succès lorsqu'elle fut représentée — à plusieurs reprises — du vivant de l'auteur, il serait bon de ne pas oublier qu'elle fut précédée par plusieurs autres pièces, qui connurent des fortunes diverses.

Il apparaît d'ailleurs que, dès les années de l'adolescence, Vigny fut porté à écrire pour le théâtre. Les manuscrits — brûlés plus tard — d'un *Roland*, d'un *Julien l'Apostat* en portent témoignage. Certes, tout jeune homme un peu doué pour les lettres, en ce début d'un siècle qui cherche encore sa voie, éprouve la noble ambition de composer et de faire jouer une tragédie; aussi bien, ce qui doit nous alerter, dans les premières tentatives dramatiques de Vigny, c'est le titre qu'il donne à ces ébauches : le nom d'un personnage — ce qui est banal — mais pas de n'importe quel personnage; le nom d'un « héros » qui choisit de mourir plutôt que de céder devant la force (ou plutôt : que de continuer à vivre après s'être trompé), un nom qui prend, aussitôt qu'exprimé, valeur de symbole. Ainsi de *Chatterton*, vingt ans plus tard.

Mais ce n'est vraiment qu'au temps des « années shakespeariennes » du théâtre français que Vigny abordera la scène. En 1827, une troupe anglaise se produit à Paris et déchaîne l'enthousiasme par la vérité et la puissance de ses représentations de Shakespeare, comme aussi, d'ailleurs, d'autres auteurs, tels que Rowe ou Otway. L'influence que ces spectacles vont exercer sur le goût du public, ainsi que sur les écrivains et les comédiens, sera déterminante. On peut la comparer en importance à celle des « Ballets russes » au début du XXe siècle. On vante et éventuellement on imite les convulsions de Miss Smithson, ou le rire sardonique de Kemble. Les spectateurs français sont désormais prêts à écouter des drames conçus sur le patron de ceux de Shakespeare. « En 1831, les éclats de rire désespérés de Bocage dans *Antony* ne surprendraient plus personne : on les avait déjà entendu sortir des lèvres de Kemble », note M. Maurice Descotes (*Le drame romantique et ses grands créateurs*, 1955). Cependant, c'est une voie intermédiaire que choisira d'abord Vigny. Cette voie, c'est celle de la traduction — ou plutôt de l'adaptation des pièces de Shakespeare. Après un *Roméo et Juliette*, auquel collabore Émile Deschamps et qui restera dans les cartons, il traduit *Shylock ou le Marchand de Venise*, puis

Othello, présenté sous le titre du *More de Venise* (qui était le sous-titre shakespearien). La Comédie-Française, à ce moment-là, ayant dû renoncer à interpréter *Marion de Lorme*, la place était libre pour une pièce nouvelle; c'est ainsi que le texte du *More* fut accepté, et que Vigny en dirigea les répétitions (non parfois sans mauvaise humeur) à partir d'août 1829. Il s'emploie d'autre part à devancer la création d'*Hernani*, voulant avoir le premier sa « soirée ». Ainsi que devait le faire Hugo quatre mois plus tard, il établit des « listes de conjurés », destinés à soutenir sa pièce de leurs vivats : « il les souhaitait très longues, et invitait ses amis chargés du recrutement à étudier sur place la disposition de la salle » (M. Descotes, p. 115). La première eut lieu le 24 octobre, avec Joanny dans le rôle d'Othello et Mlle Mars dans celui de Desdémone : « Grand monde, grand tapage, bruit, confusion, rires, quolibets, sifflets; applaudissements, désapprobation et enthousiasme » : c'est en ces termes que Joanny, dans son *Journal* (cité par M. Descotes), rend compte de la représentation. De là va naître la *Lettre à Lord* ***, datée du 1er novembre, où Vigny expose son « système dramatique » (cf. *Vigny : ses principes dramatiques*, p. 22). Il est intéressant d'y lire les motifs qui l'ont poussé à faire jouer cette adaptation. Selon lui, une « œuvre nouvelle » aurait attiré la discussion sur sa qualité propre, non vraiment sur le « système dramatique » et « les variations du style ». Il s'est donc tourné vers Shakespeare : « Ne m'attachant, pour cette première fois, qu'à la question du style, j'ai voulu choisir une composition consacrée par plusieurs siècles et chez tous les peuples. » Il s'agit bien, dans son esprit, d'une sorte d'expérience exemplaire, destinée à ouvrir la voie à la « tragédie moderne, dans laquelle chaque personnage parlera selon son caractère, et, dans l'art comme dans la vie, passera de la simplicité habituelle à l'exaltation passionnée, du *récitatif* au *chant* ». Faute de mieux, il a recours à l'alexandrin, cette « arme rouillée des anciens poètes français », mais il ne recule pas devant les hardiesses de traduction et mentionne, pour la première fois sur la scène, le *mouchoir* de Desdémone.

Le More de Venise, cependant, n'obtint pas un succès durable, et la gloire de Vigny fut rapidement éclipsée par celle de Victor Hugo. *Shylock* ne connut pas les feux de la rampe, malgré les espoirs que Vigny avait été en droit de concevoir. Il lui fallait faire œuvre personnelle ou renoncer au théâtre. C'est alors qu'il fit à point nommé la connaissance de Marie Dorval, et c'est pour elle que *la Maréchale d'Ancre* fut écrite, apparemment à la diable. Vigny, dans l'Avant-Propos, résume ainsi les intentions qu'il a mises dans sa pièce : « La minorité de Louis XIII finit comme elle avait commencé, par un assassinat [l'assassinat d'Henri IV au début, celui de Concini, à la fin]. Concini et la Galigaï régnèrent entre ces deux crimes. Le second m'a semblé être l'expiation du premier [...]. Au centre du cercle que décrit cette composition, un regard sûr peut entrevoir la Destinée, contre laquelle nous luttons toujours, mais qui l'emporte sur nous dès que le caractère s'affaiblit ou s'altère...» On voit que, s'il compose un drame historique à la mode du jour, Vigny ne le fait pas à la manière d'Alexandre Dumas, mais avec le souci de fonder sa pièce, au moins dans les grandes lignes, sur des intentions « philosophiques ». Certes, nous sommes encore loin des ambitions de *Chatterton*, et Vigny consignera un peu plus tard (1834), dans son *Journal*, la différence qui, à son avis, sépare les deux drames : « Avec *la Maréchale d'Ancre*, j'essayai de faire lire une page d'histoire sur le théâtre. Avec *Chatterton*, j'essaye d'y faire lire une page de philosophie. » Mais la voie semble ouverte, dans l'inspiration de Vigny, pour cette « tragédie moderne » qu'il préconisait en 1829. La *Lettre à Lord* *** toutefois, ne semble pas envisager un autre mode d'expression que le vers. Pourquoi, dès lors, *la Maréchale d'Ancre* est-elle écrite en prose, comme le seront par la suite les autres pièces de Vigny? M. Maurice Descotes (p. 214) écrit à ce sujet : « En l'absence de toute autre explication définitive, on est en droit de penser que, composant un drame pour Marie Dorval, Vigny préféra la prose pour cette simple raison qu'il savait que l'actrice était gênée par la poésie.» Ce fut Mlle George qui, en fin de compte, le 21 juin 1831, créa le rôle de la Maréchale : il lui convenait beaucoup mieux qu'à Mme Dorval. Mais la comédienne, comme on l'imagine, fut amèrement déçue. Aussi est-ce encore pour elle que, deux ans plus tard, Vigny écrira un « proverbe » en un acte, *Quitte pour la peur*, où, dans le rôle d'une jeune femme un peu enfantine et coquette, elle obtint le plus vif succès. Mais si Vigny trouvait là une satisfaction d'amour-propre, s'il avait eu naguère *sa* « soirée » avec *le More*, il n'avait pas encore donné au théâtre son chef-d'œuvre, et il le savait.

2. La genèse de l'œuvre

Dans *la Dernière nuit de travail* qui sert d'ample préface à *Chatterton*, l'auteur écrit (voir p. 35, l. 5 et suiv.) : « A présent que l'ouvrage est accompli [...], je le considère avec tristesse, et je me demande s'il sera inutile ou s'il sera écouté des hommes. » Et sans doute espère-t-il confusément que la forme dramatique touchera davantage le lecteur quand il ajoute : « Déjà, depuis deux années, j'ai dit par la bouche de Stello

ce que je vais répéter bientôt par celle de Chatterton, et
quel bien ai-je fait? Beaucoup ont lu mon livre et l'ont
aimé comme livre; mais peu de cœurs, hélas! en ont été
changés. » Dans la *Lettre à Lord* ***, il avait exprimé avec fougue
ses conceptions et peut-être ses illusions à cet égard. La
tragédie, pour lui, « est une pensée qui se métamorphose
tout à coup en machine » — et cette « mécanique » est présentée
à « une grande multitude » qui diminue ensuite de jour en
jour, tandis que la machine « diminue de qualité » jusqu'à
ce que le mouvement cesse. Il reste que, une fois au moins,
la multitude a été touchée:

> C'est vraiment une manière excellente de s'adresser à trois
> mille hommes assemblés, sans qu'ils puissent en aucune façon
> éviter d'entendre ce qu'on a à leur dire. Un lecteur a bien des
> ressources contre vous, comme, par exemple, de jeter le livre
> au feu ou par la fenêtre : on ne connaît aucun moyen de répression
> contre cet acte d'indignation; mais contre le spectateur, on
> est bien plus fort : une fois entré, il est pris comme dans une
> souricière, et il est bien difficile qu'il sorte s'il a des voisins
> brusques et que le bruit dérange [...]. Dans cet état de contrac-
> tion, d'étouffement et de suffocation, il faut qu'il écoute. La *soirée*
> finie, trois mille intelligences ont été remplies de vos idées.
> N'est-ce pas là une intervention merveilleuse?

Dans la préface de *Chatterton*, le ton est devenu plus grave,
la conviction moins affirmée; on voit percer le doute, la
crainte d'avoir fait œuvre vaine. Mais le théâtre demeure,
pour Vigny, la tribune idéale.

Pourtant, en 1834, il déclare n'éprouver que mépris, « dans
l'état actuel des théâtres » pour « une pièce qui réussit :
c'est un signe de médiocrité » (*Journal*). Il faudra donc que
Marie Dorval le pousse de nouveau à écrire pour la scène,
et pour elle-même, car elle n'a toujours pas obtenu cet
engagement au Théâtre-Français auquel elle aspire si fort.
Une lettre de Vigny à la comédienne (9 avril 1835) prouve
qu'en tout cas le poète, composant sa pièce, avait constamment Marie Dorval présente à sa pensée : « J'étais sérieusement
malade, lui confie-t-il, et cependant je passais les nuits à
écrire pour toi. » En réalité, si l'amour le guidait, il obéissait
aussi à l'admiration qu'il éprouvait pour l'actrice et à la
confiance absolue qu'il avait en son talent. Et puis, comme le
note M. Descotes (p. 276), « Dorval était pour lui la seule
interprète qu'il avait pu modeler, qui ne restait pas étrangère
à ses intentions ». Nous tenons là, peut-être, la réponse — ou
du moins l'une des réponses — à la question qu'on peut
poser au sujet de la genèse de l'œuvre. Pour quelle raison,
en effet, Vigny, voulant illustrer sur la scène le destin tragique
des poètes abandonnés par la société, a-t-il choisi, dans *Stello*,

le récit de la mort de Chatterton de préférence au « volet »
concernant Gilbert, ou à celui qui racontait le sort tragique
d'André Chénier? On peut certes voir dans ce choix des motifs
de vraisemblance, ou de commodité scénique. Mais surtout,
parmi les figures féminines apparues dans *Stello*, celle de
Kitty Bell — plus encore que ne l'eût été celle d'Aimée de
Coigny, la « jeune captive » chère à André Chénier — semblait
appeler la transposition théâtrale et l'incarnation en une belle
comédienne qui se fût souvenue, devant le public, de ces
lignes de *Stello* (chap. 14) : « En voyant Kitty, vous eussiez
dit la statue de la Paix. L'ordre et le repos respiraient en elle,
et tous ses gestes en étaient la preuve irrécusable. » D'autres
raisons, assurément, ont pu amener Vigny à faire de Chatterton
le héros de son drame : on retiendra en particulier la possibilité
qui lui était ainsi donnée d'exprimer ses idées sur le suicide, et
aussi de nous procurer un tableau de l'époque du machinisme
naissant (fût-ce au prix de quelques anachronismes), et de
cette société « matérialiste » qu'il oppose, dans un contraste
très théâtral, au monde « spiritualiste » dans lequel vivent les
poètes inspirés.

3. Les sources

L'ouvrage de référence est évidemment « **Stello** » (1832). Ce
texte, présenté comme la *Première Consultation du Docteur
Noir*, nous propose une conversation entre Stello, ou le Poète,
symbolisant « le sentiment », et un personnage doué d'une
logique implacable, ancré dans un amer scepticisme, le Docteur
Noir, symbolisant « le raisonnement ». Cette conversation va
trouver son point de départ dans la « maladie » de Stello, en
proie au spleen. Et la thérapeutique du Docteur va reposer
sur trois récits, entrecoupés de digressions, racontant successivement au jeune homme la fin du poète français GILBERT,
mort de misère à moins de trente ans, celle de CHATTERTON,
celle, enfin, d'André CHÉNIER. Trois victimes de la société,
puisqu'elle les a laissés disparaître avec une complète indifférence — ou même, dans le cas de Chénier, puisqu'elle a directement contribué à cette disparition. Vigny a pris soin de
placer ces trois récits exemplaires sous trois régimes politiques
différents : la fin de l'Ancien Régime, la monarchie constitu-
tionnelle anglaise, la Terreur, montrant la permanence du
mal, de ce mal qui fait des poètes les parias de la société. La
consultation, comme il se doit, s'achève par une ordonnance
dont les principales formules sont : SÉPARER LA VIE POÉTIQUE
DE LA VIE POLITIQUE;... SEUL ET LIBRE, ACCOMPLIR SA
MISSION...; LA SOLITUDE EST SAINTE. Et le Docteur Noir cite
en terminant « les deux mots qui ne cesseront jamais d'exprimer

notre destinée de doute et de douleur : POURQUOI? et HÉLAS ! » (chap. 40). On reconnaît les thèmes et le ton même de certaines des conversations qui, dans *Chatterton*, mettent face à face le poète et le vieux quaker. Car si, pour bâtir sa pièce, Vigny se fonde sur le second récit de *Stello*, il se souvient également de ce qui constitue l'armature de l'ensemble, et à bien des égards *Chatterton* est l'adaptation non d'un fragment du récit — mais du récit tout entier. Cela devient manifeste si l'on considère la filiation des personnages.

C'est ainsi que la figure du **quaker** est à peine esquissée dans *Stello* (où il est juste question, quelque part, d'un *quaker noir*), mais que le Docteur Noir qui converse avec le poète est à plus d'un titre le modèle du vieillard de *Chatterton*. En ce qui concerne le choix précis d'un quaker, on pense généralement qu'un article de Philarète Chasles (dans la *Revue de Paris* d'octobre 1829) où ce genre de personnage était évoqué, serait la source la plus probable. Les lords, eux, ont tous réellement existé et l'on trouve mention de **Lord Talbot** dans la correspondance de Chatterton. Le cas le plus intéressant est celui du **Lord-Maire** : Vigny paraît avoir tiré l'essentiel du portrait coloré qu'il nous livre du personnage — dans *Stello* puis dans le drame — de celui que fit le peintre Reynolds en 1755; mais le vrai **William Beckford** (1709-1770), *alderman* libéral, a été volontairement transformé en un magistrat symbolisant la société « matérialiste », ce qui, en 1834, provoqua d'ailleurs les protestations de la *Revue britannique*. Dans l'article de la *Revue de Paris* mentionné plus haut et intitulé *Scène d'un village maritime* (*en Angleterre*), on découvre un mari puritain et autoritaire qui pourrait bien être le point de départ du personnage de **John Bell**. Mais ce qu'il faut noter surtout, c'est que de *Stello* à *Chatterton*, la condition sociale du maître de maison évolue très sensiblement : il est d'abord présenté comme « un des meilleurs selliers de Londres »; dans la pièce, il devient le maître opulent d'une fabrique — bref, un industriel amené à s'opposer aux revendications de ses ouvriers : transformation due aux seules exigences de la thèse et de son illustration. Il semble, du reste, que Vigny ait conçu quelque agacement à se voir interrogé sur ses sources et singulièrement sur celles du personnage de **Kitty**. Pour la jeune femme, la réponse est claire et figure dans le *Journal* (1835) : « Goethe fut ennuyé des questions de tout le monde sur la vérité de *Werther*. On ne cessait de s'informer à lui de ce qu'il renfermait de vrai [...]. La même chose arriva à Richardson pour *Clarisse* [...], la même chose pour Kitty Bell dont j'ai inventé l'être et le nom ». S'il fallait pourtant chercher où l'auteur a pu puiser son inspiration, on rencontrerait d'un

côté certaines héroïnes shakespeariennes, et de l'autre
Marie Dorval.

Pour **Chatterton** lui-même, le problème se présente tout
différemment. Même si Vigny déclare n'avoir vu en lui que le
Poète et avoir « écarté à dessein des faits exacts de sa vie »
(*Dernière nuit de travail*), la pièce n'en contient pas moins
nombre de références à la vie et aux œuvres de Thomas
CHATTERTON (1752-1770). Il se trouvait que Charles Nodier,
de 1809 à 1811, avait été le secrétaire d'un Anglais, sir Herbert
Croft, qui possédait de nombreux documents sur son compa-
triote, et c'est sans doute par Nodier que Vigny entendit
parler, pour la première fois avec précision, de la destinée du
jeune poète. Qui fut en réalité Chatterton? De famille modeste
(son père, instituteur à Bristol, mourut avant même la naissance de Thomas, laissant ainsi deux enfants à la charge de sa
veuve), il dut bien vite gagner sa vie et devint clerc d'un
procureur. A l'occasion d'une cérémonie publique, il écrivit
un poème qu'il présenta comme tiré d'un manuscrit ancien.
Ainsi prit naissance sa vocation de « faussaire » et l'affabulation
du moine Rowley, qui n'avait jamais existé. La supercherie
fut découverte, Chatterton quitta Bristol, et gagna Londres
avec l'espoir d'y faire carrière dans les lettres. Faible et sans
un penny, il mène bientôt une vie peu honorable et finit par
servir de rédacteur pour leurs pamphlets à Lord North et...
à son adversaire Lord Beckford. Il loge chez une fabricante
de sacs, refuse les aumônes et cherche finalement à quitter
Londres pour mettre fin à la misère qui le cerne. Là se place
l'épisode de la lettre : il sollicite d'un ami de Bristol un certi-
ficat lui permettant d'être agréé comme chirurgien à bord
d'un navire en partance. La réponse arrive, négative. C'est alors
le suicide à l'arsenic, dans sa chambre, à l'âge de dix-huit ans.
Il fallut pourtant une circonstance supplémentaire pour
amener Vigny, qui connaissait déjà tous ces faits, à concevoir
un ouvrage sur Chatterton. H. de Latouche (qu'il avait
fréquenté dans le salon des frères Deschamps, à l'époque où
Latouche venait de publier les poésies de Chénier) composa
en 1825 un poème sur la destinée de Chatterton, dont Vigny
fut ému. On y lit notamment :

> Ces tyrans du malheur s'informent-ils jamais
> Si l'indigence épie, au sortir des palais,
> L'harmonieux enfant que l'orgueil y convie? ·
> Et voilà l'Angleterre! Ils ont droit à la vie
> Ces lâches criminels sous vos fers enchaînés.
> Et nous, enfants des arts au talent condamnés,
> Peuple fier de vos lois, vos lois nous abandonnent.

Latouche fait allusion à certains personnages, à certains faits
que Vigny retiendra : le Lord-Maire, l'épisode de la lettre, —

ce qui pouvait, en somme, fournir matière à une amplification dramatique. Mais il suffit de lire le résumé de la vie de Chatterton pour voir combien le drame, après *Stello*, a idéalisé le personnage et a fait une sorte de saint d'un poète besogneux, malhonnête et maladroitement orgueilleux.

Aussi bien, ce qui intéressait Vigny, c'était « la cause » et non l'homme; c'était en particulier le problème du suicide. Le mal s'était répandu en Europe dès le début du siècle, et certaines œuvres comme *Werther* ou *René* avaient exercé l'influence la plus déprimante sur les jeunes esprits. En 1826, le ministère de la Justice jugea même nécessaire de faire établir une statistique annuelle sur les suicides en France. Mais les suicides d'écrivains, plus précisément, se multiplient, et l'un d'eux, quelques mois après la publication de *Stello*, avait provoqué une profonde émotion, à tel point que Musset l'avait évoqué dans *Rolla*. Il s'agit en réalité d'un double suicide, celui de deux jeunes auteurs dramatiques qui s'asphyxièrent ensemble après avoir vu l'échec d'une de leurs pièces. Il n'est pas douteux que le souvenir d'Escousse et de Le Bras a dû venir plus d'une fois à l'esprit de Vigny quand il rédigeait fièvreusement *Chatterton*. Les circonstances, on le voit, justifiaient largement le plaidoyer que l'écrivain allait réitérer devant le public de la Comédie-Française. Et ce public lui-même était préparé à l'accueillir.

4. Les représentations

Le Comité de lecture du Français, hostile à Marie Dorval, refuse d'abord la pièce. Mais une initiative qui vient de haut va relancer l'affaire : le duc d'Orléans et la Reine, ayant lu le manuscrit et l'ayant recommandé à Jouslin, le directeur-gérant, *Chatterton* est mis en répétitions au mois de janvier, non sans que Vigny ait eu à surmonter de nouveaux obstacles pour que le rôle de Kitty Bell soit attribué à Marie Dorval. Geffroy, qui incarnait Chatterton, est dépeint en ces termes dans le *Journal d'un poète* (31 janvier) : « Intelligent, mémoire sûre et facile; trop habitué aux rôles de vieillards. Manque d'enthousiasme et d'*amour* dans le talent ». Quant au quaker, son rôle fut tenu par Joanny, qui perdit sa femme peu de temps avant la création de la pièce, mais fit l'impossible pour participer aux répétitions; c'était, aux yeux de Vigny, « un des meilleurs acteurs de l'âme », un « tragédien » (*ibid.*).

Dans les jours qui précèdent la première, les amis du poète reçoivent en grand nombre des billets d'invitation, mais il ne semble pas pourtant que Vigny ait « fait » sa salle. A six heures du soir, le 12 février, il note : « On va jouer *Chatterton* [...]. Je me sens très calme, convaincu que si le drame ne réussit pas, cela ne fera que retarder le succès inévitable des pièces spiritualistes. » Mais le drame réussit, bien qu'on n'ait pas goûté le manque de sobriété de Joanny. Et puis, « Geffroy n'était pas Chatterton. Il lui manquait la grâce mélancolique, la douleur amoureuse » (M. Descotes, p. 281). Mais la vérité et la flamme contenue du jeu de Marie Dorval rallièrent tous les suffrages. Les plus indifférents ne purent qu'être bouleversés par sa prouesse finale, dont elle avait jalousement gardé le secret. Dans le manuscrit, Vigny avait prévu qu'à l'ultime scène, la jeune femme, à la vue de Chatterton mourant, redescendait l'escalier et tombait sur la dernière marche. Marie Dorval se laissa glisser sur la rampe pour finalement s'écrouler d'une manière qui provoqua l'enthousiasme du public. Une réaction aussi violente s'était produite peu auparavant, à la fin du dernier monologue de Chatterton (III, 7), si bien que la représentation avait dû être interrompue pendant quelques instants. A minuit, l'auteur triomphant pouvait retrouver ses carnets et y inscrire sa satisfaction : « *Chatterton* a réussi [...]. J'ai observé le public et je l'ai regardé en face [...] par le trou d'une décoration [...]. Je le regardais comme on regarde un ennemi dans un duel; les coups que je portais au cœur j'en voyais l'impression, ceux que je portais à la tête je les y voyais arriver aussi [...]. Une attention profonde, voilà mes premières récompenses. » Et il ajoute : « J'ai des remords d'avoir mal jugé mes concitoyens. Il semble qu'ils aient pris ce soir à honneur de me prouver qu'ils étaient dignes de plus d'estime » (*Journal*, 12 février 1835).

Le drame connut 37 représentations à la Comédie-Française, et d'autres à l'Odéon, où les étudiants lui réservèrent un accueil attentif et chaleureux. C'est pendant ces semaines glorieuses que l'écrivain Émile Roulland se laissa glisser dans la mort, ce dont Vigny fut particulièrement affecté. Et les échos du suicide de Chatterton devaient se faire entendre quelques mois plus tard, à la tribune même de la Chambre, par la voix du député Charlemagne qui s'indignait d'avoir entendu « sur le premier théâtre de la capitale et du royaume, faire l'apologie du suicide » (*Moniteur*, 30 août 1835).

Par quatre fois du vivant de l'auteur, *Chatterton* fut remis à l'affiche, notamment en 1840 et en 1857. De nos jours, la Comédie-Française le reprend de temps à autre. En janvier 1977, le Théâtre national de Strasbourg en a présenté une version très rigoureuse, jouée à Paris au Théâtre Récamier (mise en scène de Jourdheuil et Dautremay, décor de René Allio — voir p. 72).

SCHÉMA DU DRAME

I, 1 Tandis qu'on entend gronder la colère de John Bell dans une pièce voisine, le vieux quaker, son hôte, dissuade Kitty Bell de rendre à son jeune locataire (Chatterton) la Bible qu'il a offerte à la petite Rachel, ce qui ne pourrait que l'offenser. John Bell,

2 qui a congédié sans pitié un ouvrier blessé, reste sourd aux protestations des travailleurs de sa fabrique et fait au quaker ulcéré l'apologie de son attitude égoïste. Puis il reproche

3 brutalement à Kitty, sa femme, d'avoir commis une erreur dans son livre de comptes.

4 Rachel, effrayée, pleure dans les bras du quaker.

5 Apparaît Chatterton, connu dans la maison sous le seul nom de Tom. Il vient d'écrire une lettre qui lui « a bien coûté ». Il confie au quaker ses sentiments de poète ambitieux et persécuté, et nous laisse percevoir l'intérêt qu'il porte à la malheureuse Kitty. John Bell

6 querelle de nouveau sa femme, qui obtient finalement de remettre au lendemain la justification de ses comptes.

II, 1 Chatterton, que le quaker avait emmené en promenade, rentre précipitamment, craignant d'avoir été reconnu par son ami Lord Talbot; il redoute de voir sa paix troublée et demeure préoccupé par la pensée de Kitty Bell. Apprenant

2 la véritable personnalité de son locataire, John Bell l'invite à venir prendre le thé « en famille »; Chatterton décline l'invitation.

3 Lord Talbot, un peu ivre, escorté de joyeux compagnons, raille bruyamment la sauvagerie et le spleen du poète, et se moque du quaker avec insolence — tandis que ses amis se livrent, sur les intentions de Chatterton à l'égard de Kitty Bell, à de grossières insinuations qui mettent les intéressés au supplice.

4 Par leur incompréhension et leur légèreté, les lords ont profondément affecté ces deux

---

Exposition
Le foyer orageux de John Bell.

Une jeune épouse malheureuse.

Un jeune poète malheureux.

Péripétie.
L'arrivée intempestive des jeunes lords...

... soumet Kitty Bell et Chatterton à une dure épreuve.

cœurs purs. Leur embarras se manifeste tout au long des répliques qu'ils échangent en présence du quaker. Kitty Bell fait part au vieillard du trouble où la jette la « seule vue » de Chatterton. Celui-ci rentre « comme un fou » après être sorti brusquement; il se soumet avec une fougue inquiétante à son destin d' « ouvrier en livres ». A Kitty épou-

5   vantée, le quaker formule un terrible diagnostic : le poète est hanté par l'idée du suicide. Mais le vieillard craint par-dessus tout que le poète n'éprouve une véritable passion pour Kitty Bell...

L'impitoyable lucidité du quaker.

III, 1   Chatterton se lamente de ne pas trouver l'inspiration alors qu'il comptait sur l'achèvement de son livre pour payer ses dettes. Il songe à mourir, persuadé de surcroît que

Dénouement

2   Kitty Bell ne l'aime pas. Le quaker entre et découvre la fiole d'opium que le poète a placée sur sa table. Pour le faire renoncer à son dessein, il lui révèle l'amour qu'éprouve

Chatterton résolu au suicide.

3   pour lui Kitty Bell. Puis il annonce à la jeune femme que Chatterton devra quitter la

4   maison le plus tôt possible. Lord Talbot a appris la misère dans laquelle vit son ami et les menaces d'emprisonnement qui pèsent sur lui. Il promet d'intercéder auprès de M. Beckford, le Lord-Maire. Chatterton,

5   « résigné à presque tout », affirme effectivement compter sur celui-ci, qui incarne à

La dernière chance.

6   ses yeux l'Angleterre. Le Lord-Maire vient rendre visite à John Bell et invite le poète à lui dire en quoi il se croit utile à la nation.

7   Resté seul, le jeune homme lit la réponse que M. Beckford a faite à sa requête : il lui propose « une place de premier valet de chambre dans sa maison ». Dans un mouvement

Le coup de grâce.

8   d'indignation désespérée, le poète boit l'opium. Arrive Kitty : pathétique dialogue, qui aboutit à un double aveu. Chatterton tombe, mourant. Kitty Bell, à cette vue,

9   glisse à demi morte le long de l'escalier, puis sous les yeux horrifiés de John Bell, « meurt dans les bras du quaker ».

ALFRED DE VIGNY.

Lithographie de Devéria, 1831

DERNIÈRE NUIT DE TRAVAIL

DU 29 AU 30 JUIN 1834 [1]

Ceci est la question [2].

Je viens d'achever cet ouvrage austère dans le silence d'un travail de dix-sept nuits [3]. Les bruits de chaque jour l'interrompaient à peine, et, sans s'arrêter, les paroles ont coulé dans le moule qu'avait creusé ma pensée.

A présent que l'ouvrage est accompli, frémissant encore des souffrances qu'il m'a causées, et dans un recueillement aussi saint que la prière, je le considère avec tristesse, et je me demande s'il sera inutile ou s'il sera écouté des hommes. — Mon âme s'effraye pour eux en considérant combien il faut de temps à la plus simple idée d'un seul pour pénétrer
10 dans le cœur de tous.

Déjà, depuis deux années, j'ai dit par la bouche de Stello ce que je vais répéter bientôt par celle de Chatterton, et quel bien ai-je fait? Beaucoup ont lu mon livre et l'ont aimé comme livre; mais peu de cœurs, hélas! en ont été changés [4].

Les étrangers ont bien voulu en traduire les mots par les mots de leur langue, et leurs pays m'ont ainsi prêté l'oreille. Parmi les hommes qui m'ont écouté, les uns ont applaudi la composition des trois drames [5] suspendus à un même principe, comme trois tableaux à un même support; les autres ont approuvé la manière dont se nouent les
20 arguments aux preuves, les règles aux exemples, les corollaires aux propositions; quelques-uns se sont attachés particulièrement à considérer les pages où se pressent les idées laconiques, serrées comme les combattants d'une épaisse phalange; d'autres ont souri à la vue des couleurs chatoyantes ou sombres du style; mais les cœurs ont-ils été attendris? — Rien ne me le prouve. L'endurcissement ne s'amollit point tout à coup par un livre. Il fallait Dieu lui-même pour ce prodige. Le plus grand nombre a dit, en jetant ce livre : « Cette idée pouvait en effet se défendre. Voilà qui est un assez bon plaidoyer! » Mais la cause, ô grand Dieu! la cause pendante à votre
30 tribunal, ils n'y ont plus pensé!

---

1. Ce texte sert de préface à *Chatterton*. — 2. Traduction de la fameuse formule de Shakespeare : « To be or not to be, *that is the question* » (*Hamlet, III*, 1); Vigny place ambitieusement son œuvre sous le signe d'un monologue qui exprime de manière définitive l'angoisse de la condition humaine. — 3. Il est, comme Balzac, un adepte du travail nocturne. Cf. les paroles qu'il prête à Stello : « Les heures de la nuit, quand elles sonnent, sont pour moi comme les voix douces de quelques tendres amies qui m'appellent [...] Ce sont les heures des Esprits, des Esprits légers qui soutiennent nos idées sur leurs ailes transparentes et les font étinceler de clartés plus vives » (XIX). Il y a d'ailleurs, dans cette phrase initiale, une atmosphère et une terminologie caractéristiques de Vigny; cf. *La Maison du berger* : « La Nature t'attend dans un *silence austère* ». — 4. Rythme d'alexandrin. — 5. Il s'agit des trois récits exemplaires qui composent *Stello* et racontent la mort de Gilbert, de Chatterton et de Chénier : voir *les Sources* p. 27.

La cause? c'est le martyre perpétuel et la perpétuelle immolation du Poète [1]. — La cause? c'est le droit qu'il aurait de vivre. — La cause? c'est le pain qu'on ne lui donne pas. — La cause? c'est la mort qu'il est forcé de se donner.

D'où vient ce qui se passe? Vous ne cessez de vanter l'intelligence, et vous tuez les plus intelligents. Vous les tuez, en leur refusant le pouvoir de vivre selon les conditions de leur nature. — On croirait, à vous voir en faire si bon marché, que c'est une chose commune qu'un Poète. — Songez donc que, lorsqu'une nation en a deux en dix siècles,
40 elle se trouve heureuse et s'enorgueillit. Il y a tel peuple qui n'en a pas un, et n'en aura jamais. D'où vient donc ce qui se passe? Pourquoi tant d'astres éteints dès qu'ils commençaient à poindre? C'est que vous ne savez pas ce que c'est qu'un Poète, et vous n'y pensez pas [2].

> Auras-tu donc toujours des yeux pour ne pas voir,
> Jérusalem [3] ?

Trois sortes d'hommes, qu'il ne faut pas confondre, agissent sur les sociétés par les travaux de la pensée, mais se remuent dans des régions qui me semblent éternellement séparées.

L'homme habile aux choses de la vie, et toujours apprécié, se voit,
50 parmi nous, à chaque pas. Il est convenable[4] à tout et convenable en tout. Il a une souplesse[5] et une facilité qui tiennent du prodige. Il fait justement[5] ce qu'il a résolu de faire, et dit proprement et nettement ce qu'il veut dire. Rien n'empêche que sa vie soit prudente et compassée[6] comme ses travaux. Il a l'esprit libre, frais et dispos, toujours présent et prêt à la riposte. Dépourvu d'émotions réelles, il renvoie promptement la balle élastique des bons mots. Il écrit les affaires comme la littérature, et rédige la littérature comme les affaires[7]. Il peut s'exercer indifféremment à l'œuvre d'art et à la critique, prenant dans l'une la forme à la mode, dans l'autre la disser-
60 tation sentencieuse. Il sait le nombre des paroles que l'on peut réunir pour faire les apparences[8] de la passion, de la mélancolie, de la gravité, de l'érudition et de l'enthousiasme. Mais il n'a que de froides velléités[9] de ces choses, et les devine plus qu'il ne les sent; il les respire de loin comme de vagues odeurs de fleurs inconnues. Il sait la place du mot et du sentiment, et les chiffrerait[10] au besoin. Il se fait le langage des genres, comme on se fait le masque des visages. Il peut écrire la comédie et l'oraison funèbre, le roman et l'histoire, l'épître et la tragédie, le couplet et le discours politique. Il monte

---

1. Noter le chiasme. — 2. Déjà se fait jour l'idée de l'incommunicabilité entre le poète et la société. — 3. Citation de Racine *(Athalie,* v. 109) modifiée par Vigny; le texte porte : *Peuple ingrat* et non *Jérusalem.* — 4. Il s'adapte. — 5. Exactement. — 6. Réglée comme au *compas.* — 7. L'homme de lettres ne fait pas de distinction entre le sujet noble et le sujet vulgaire, n'établit pas de frontière entre la vie courante et la vie intérieure. — 8. Produire *les apparences..* — 9. Comparer avec l'ardeur du poète, évoquée plus loin (l. 137). — 10. Numéroterait.

de la grammaire à l'œuvre, au lieu de descendre de l'inspiration au
70 style; il sait façonner tout dans un goût vulgaire et joli, et peut
tout ciseler avec agrément, jusqu'à l'éloquence de la passion [1]. — C'est
L'HOMME DE LETTRES.
Cet homme est toujours aimé, toujours compris, toujours en vue;
comme il est léger et ne pèse à personne, il est porté dans tous les
bras où il veut aller; c'est l'aimable roi du moment, tel que le dix-

---

[1]. La formule résume le passage et permet de « situer » parfaitement le personnage évoqué.

■■■

● **Les intentions de Vigny** se manifestent dès les premières lignes de cette
préface. *Peu de cœurs*, dit-il (l. 13), *ont été changés* par *Stello*. Et il se
demande (l. 8) si son nouvel ouvrage sera *écouté des hommes*.
① Croyez-vous que Vigny ait raison de confier au théâtre la défense
d'une cause, d'une idée? Quels sont les avantages et les inconvénients
de ce genre d'ouvrages? Faites la part des réussites et des échecs, dans la
lignée qui va de la tragédie voltairienne au théâtre « engagé » de notre
temps, en passant par les « pièces à thèse » de la fin du XIXe siècle.

● **Un plaidoyer éloquent**

② Derrière le ton oratoire, le recours à l'anaphore (*La cause?... La
cause?...*, l. 31), ne découvre-t-on pas un rigoureux enchaînement logique?
Examinez de près, à cet égard, les lignes 31 à 34.
③ Justifiez le passage à la seconde personne à partir de la ligne 35.
Montrez la vigueur qu'il confère aux accusations formulées.

● **Les « trois sortes d'hommes »** (l. 46) On songe, pour la méthode et la
présentation, au Pascal des « trois ordres ». Il s'agit bien de trois types
de créateurs sans communication les uns avec les autres, et hiérarchisés :
l'homme de lettres, le grand écrivain, le poète.
④ Dans quelle intention Vigny ne nomme-t-il (l. 72, 101 et 150) chacun
des trois qu'après en avoir fait le portrait ?
⑤ Cette classification vous paraît-elle judicieuse? artificielle? Pourquoi?
Dans son Discours de réception à l'Académie française (1846), Vigny
reviendra sur cette classification :
« Deux races différentes et parfois rivales composent la famille intellectuelle.
L'homme de l'une a des dons secrets, des aptitudes natives que n'a point l'autre.
Le premier se recueille en lui-même, rassemble ses forces et craint de se hâter.
Étudiant perpétuel, il sait que pour lui, le travail c'est la rêverie [...]. Dans le
travail même, il est [...] contenu par l'amour de l'idéal, par le désir ardent de la
perfection [...]. Qu'il soit poète ou grand écrivain, cet homme, ce tardif conqué-
rant [...] c'est le Penseur. L'autre n'a pris dans l'étude que les formes qu'il lui
fallait pour se préparer à la lutte de chaque jour. Il porte sur tous les points sa
parole et ses écrits [...]. Il tient moins à la perfection et à la durée de son œuvre
qu'à son action immédiate [...]. Qu'il soit orateur, homme d'État, publiciste,
ce dominateur rapide des volontés et des opinions publiques, c'est l'Improvisateur. »

■■■

huitième siècle en a tant couronné. — Cet homme n'a nul besoin de pitié.

Au-dessus de lui est un homme d'une nature plus forte et meilleure [1]. Une conviction profonde et grave est la source où il puise ses œuvres et les répand à larges flots sur un sol dur et souvent ingrat. Il a médité dans la retraite sa philosophie [2] entière; il la voit toute d'un coup d'œil; il la tient dans sa main comme une chaîne, et peut dire à quelle pensée il va suspendre son premier anneau, à laquelle aboutira le dernier, et quelles œuvres pourront s'attacher à tous les autres dans l'avenir. Sa mémoire est riche, exacte et presque infaillible; son jugement est sain, exempt de troubles autres que ceux qu'il cherche, de passions autres que ses colères contenues; il est studieux et calme. Son génie, c'est l'attention portée au degré le plus élevé, c'est le bon sens à sa plus magnifique expression [3]. Son langage est juste, net, franc, grand dans son allure et vigoureux dans ses coups. Il a surtout besoin d'ordre et de clarté, ayant toujours en vue le peuple auquel il parle et la voie où il conduit ceux qui croient en lui [4]. L'ardeur d'un combat perpétuel enflamme sa vie et ses écrits. Son cœur a de grandes révoltes et des haines larges et sublimes qui le rongent en secret, mais que domine et dissimule son exacte raison. Après tout, il marche le pas qu'il veut, sait jeter des semences à une grande profondeur, et attendre qu'elles aient germé, dans une immobilité effrayante. Il est maître de lui et de beaucoup d'âmes qu'il entraîne du nord au sud, selon son bon vouloir; il tient un peuple dans sa main, et l'opinion qu'on a de lui le tient dans le respect de lui-même et l'oblige à surveiller sa vie. — C'est le véritable, LE GRAND ÉCRIVAIN.

Celui-là n'est pas malheureux; il a ce qu'il a voulu avoir; il sera toujours combattu, mais avec des armes courtoises; et, quand il donnera des armistices à ses ennemis, il recevra les hommages des deux camps. Vainqueur ou vaincu, son front est couronné. — Il n'a nul besoin de votre pitié.

Mais [5] il est une autre sorte de nature, nature plus passionnée, plus pure et plus rare [6]. Celui qui vient d'elle est inhabile à tout ce qui n'est pas l'œuvre divine [7], et vient au monde à de rares intervalles, heureusement pour lui, malheureusement pour l'espèce humaine.

------

1. Vigny, s'il méprise *l'homme de lettres*, estime *le grand écrivain*. — 2. Système de pensée, organisation du monde des idées. Rappelons que Vigny se donne comme poète philosophe. — 3. Ce type de créateur refuse la facilité de l'homme de lettres, mais ne cède pas au délire du poète. Son art est conscient, concerté. — 4. Se présentant comme investi d'une mission, jouant en tout cas le rôle d'un guide, ce grand écrivain nous fait songer à celui qu'évoque Hugo dans « la Mission du poète » *(Les Rayons et les Ombres*, 1835). — 5. Opposition attendue depuis longtemps. Vigny arrive au cœur du problème. — 6. Le poète appartient à une élite et ne peut être compris que par une élite (l. 277). — 7. Au sens où l'entendaient les Anciens, parlant du *démon* de l'inspiration.

Il y vient pour être à charge aux autres, quand il appartient complètement à cette race exquise [1] et puissante qui fut celle des grands hommes inspirés. — L'émotion est née avec lui si profonde et si intime qu'elle l'a plongé, dès l'enfance, dans des extases involontaires, dans des rêveries interminables, dans des inventions infinies [2]. L'imagination le possède par-dessus tout. Puissamment construite, son âme retient et juge toute chose avec une large mémoire et un

---

1. Choisie. — 2. Noter les sonorités.

■■

● **L'homme de lettres**

① En vous fondant sur certaines formules de ce paragraphe (l. 49-72) (par ex. *souplesse et facilité*, *dépourvu d'émotions réelles*, *faire les apparences*, *les devine plus qu'il ne les sent*), essayez de qualifier cet *homme de lettres* et de montrer qu'il n'est pas un *véritable* (l. 101) écrivain.

② Citez quelques exemples prouvant que Vigny, par son tempérament et par son œuvre, se situe à l'opposé même du personnage qu'il décrit.

③ Ce type d'écrivain, nous dit l'auteur, fleurit surtout au XVIIIe siècle. Pourquoi? Quel est celui qui, à cette époque-là, pourrait (d'un certain point de vue du moins) répondre à la définition qui nous est proposée?

● **Le grand écrivain**

④ Ce portrait ne vous paraît-il pas quelque peu idéalisé? Pourriez-vous aussi facilement que pour l'homme de lettres citer un ou plusieurs noms?

⑤ En admettant que l'on retrouve Vigny dans ce portrait, quelle serait chez lui la part de « persistances classiques » (cf. le *besoin d'ordre et de clarté*; l'*exacte raison*)? quelle serait celle du romantisme (*grandes révoltes*; *haines larges*; souci de *tenir un peuple en sa main*)?
Son génie, c'est l'attention portée au degré le plus élevé (l. 88) : on pourra rapprocher cette formule de plusieurs notations du *Journal* : « La distraction me fatigue et l'application me repose » (24 avril 1856); « ma nature, c'est l'étude » (14 août 1858).
Il sait jeter des semences à une grande profondeur, et attendre qu'elles aient germé, dans une immobilité effrayante (l. 96-98) : on ne peut se défendre d'évoquer ici la dernière strophe de *la Bouteille à la mer* :

> *Le vrai Dieu, le Dieu fort est le Dieu des idées!*
> *Sur nos fronts, où le germe est jeté par le sort,*
> *Répandons le savoir en fécondes ondées;*
> *Puis, recueillant le fruit tel que de l'âme il sort,*
> *Tout empreint du parfum des saintes solitudes,*
> *Jetons l'œuvre à la mer, la mer des multitudes :*
> *Dieu la prendra du doigt pour la conduire au port.*

Cette idée du message qui, lancé par le penseur, finit par parvenir aux hommes se trouve également exprimée dans le *Journal* en 1842 : « Un livre est une bouteille jetée en pleine mer, sur laquelle il faut coller cette étiquette : *Attrape qui peut.* »

■■

sens [1] droit et pénétrant; mais l'imagination emporte ses facultés
[120] vers le ciel aussi irrésistiblement que le ballon enlève la nacelle. Au
moindre choc, elle part; au plus petit souffle, elle vole et ne cesse
d'errer dans l'espace qui n'a pas de routes humaines. Fuite sublime
vers des mondes inconnus, vous devenez l'habitude invincible de
son âme! Dès lors, plus de rapports avec les hommes qui ne soient
altérés et rompus sur quelque point [2]. Sa sensibilité est devenue
trop vive; ce qui ne fait qu'effleurer les autres le blesse jusqu'au
sang; les affections et les tendresses de sa vie sont écrasantes et
disproportionnées; ses enthousiasmes excessifs l'égarent; ses sympathies sont trop vraies [3], ceux qu'il plaint souffrent moins que lui,
[130] et il se meurt des peines des autres. Les dégoûts, les froissements et
les résistances de la société humaine le jettent dans des abattements
profonds, dans de noires indignations, dans des désolations insur-
montables, parce qu'il comprend tout trop complètement et trop
profondément, et parce que son œil va droit aux causes qu'il déplore
ou dédaigne, quand d'autres yeux s'arrêtent à l'effet qu'ils combattent.
De la sorte, il se tait, s'éloigne, se retourne sur lui-même et s'y renferme
comme en un cachot. Là, dans l'intérieur de sa tête brûlée [4], se forme
et s'accroît quelque chose de pareil à un volcan. Le feu couve sour-
dement et lentement dans ce cratère et laisse échapper ses laves
[140] harmonieuses, qui d'elles-mêmes sont jetées dans la divine forme des
vers. Mais le jour de l'éruption, le sait-il? On dirait qu'il assiste
en étranger à ce qui se passe en lui-même, tant cela est imprévu et
céleste! Il marche consumé par des ardeurs secrètes et des langueurs
inexplicables. Il va comme un malade et ne sait où il va; il s'égare
trois jours, sans savoir où il s'est traîné, comme fit jadis celui qu'aime
le mieux la France [5], il a besoin de *ne rien faire*, pour faire quelque
chose en son art. Il faut qu'il ne fasse rien d'utile et de journalier
pour avoir le temps d'écouter les accords qui se forment lentement
dans son âme, et que le bruit grossier d'un travail positif et régulier
[150] interrompt et fait infailliblement évanouir. — C'est LE POÈTE. —
Celui-là est retranché dès qu'il se montre [6] : toutes vos larmes, toute
votre pitié pour lui [7]!

Pardonnez-lui et sauvez-le. Cherchez et trouvez pour lui une vie
assurée, car à lui seul il ne saura trouver que la mort! — C'est dans
la première jeunesse qu'il sent sa force naître, qu'il pressent l'avenir
de son génie, qu'il étreint d'un amour immense l'humanité et la
nature, et c'est alors qu'on se défie de lui et qu'on le repousse.

---

1. Jugement. — 2. Bonne explication psychologique de l'isolement du poète dans la
société. — 3. Trop réellement éprouvées. — 4. Dévorée par la flamme de l'inspiration. —
5. La Fontaine. — 6. Comme si la fatalité de sa nature faisait de lui, d'emblée, un paria. —
7. Formule vigoureuse s'opposant aux tournures négatives qui terminent les deux para-
graphes précédents.

Il crie à la multitude : « C'est à vous que je parle, faites que je vive! »
Et la multitude ne l'entend pas; elle répond : « Je ne te comprends
160 point [1]! » Et elle a raison.

Car son langage choisi n'est compris que d'un petit nombre [2] d'hommes
choisi lui-même. Il leur crie : « Écoutez-moi, et faites que je vive! »
Mais les uns sont enivrés de leurs propres œuvres, les autres sont

---

1. Noter l'opposition absolue avec l'homme de lettres, *toujours aimé, toujours compris* (l. 73).
— 2. Les *happy few* dont parlait Stendhal.

■■

● **Le poète est un être d'exception.**

① Indiquez comment, d'emblée, Vigny insiste sur cette caractéristique
essentielle (étudiez en particulier l'emploi des adjectifs dans le début
du passage, l. 108-116; voir aussi les l. 161 et suiv.).

On retrouve ici le style éloquent de la première page.

② Étudiez à cet égard, à titre d'exemple, les lignes 114-116, ou les
lignes 130-135.

③ Analysez avec précision les effets que produisent sur le poète : l'imagination (l. 117 et suiv.); la sensibilité (l. 125 et suiv.). En quoi sont-elles
complémentaires?

Il se meurt des peines des autres (l. 130). Ce don cruel de sympathie,
Stello le possédait déjà : « Ah! je sens en mon âme, dit-il au Docteur
Noir, une ineffable pitié pour ces glorieux pauvres dont vous avez vu
l'agonie, et rien ne m'arrête dans ma tendresse pour ces morts bien-
aimés » (*Stello*, XIX).

Il comprend tout trop complètement et trop profondément (l. 133-134).
Cette soif de comprendre, Vigny l'a personnellement éprouvée, comme
en témoigne le *Journal* : « Rien en moi ne suspend, n'arrête, ne trouble
cette invincible *attention* intérieure de mon esprit à sonder, interroger,
analyser, étudier ce que je fais, ce que l'on me fait, ce qui m'arrive,
ce que l'on me dit... Au fond de moi-même est une sorte de rêve fatigant,
c'est le mouvement intérieur et invincible de l'Étude infatigable de
tout » (14 août 1859).

④ Un tel portrait vous semble-t-il valable pour toutes les époques?
Mettez en lumière ce qu'il comporte d'essentiellement romantique.
Mais vous fait-il penser vraiment aux grands poètes de l'époque? En le
rédigeant, Vigny n'a-t-il pas d'abord songé à son héros? Reportez-vous
à plusieurs scènes du drame, notamment I, 5 et III, 1.

⑤ Si l'on met à part le côté « pittoresque », on constate que ce qui
sépare le plus radicalement le poète du grand écrivain, c'est la question
de ses rapports avec le public et, plus largement, la société (cf. des formules comme : *la voie où il conduit ceux qui croient en lui*, l. 92-93; et
comme : *Il faut qu'il ne fasse rien d'utile*, l. 147). Dans quelle mesure
peut-on voir là deux aspects différents, mais essentiels, du romantisme?

■■

dédaigneux et veulent[1] dans l'enfant[2] la perfection de l'homme, la plupart sont distraits et indifférents, tous sont impuissants à faire le bien. Ils répondent : « Nous ne pouvons rien ! » Et ils ont raison. Il crie au pouvoir : « Écoutez-moi, et faites que je ne meure pas. » Mais le pouvoir déclare qu'il ne protège que les intérêts positifs, et qu'il est étranger à l'intelligence, dont il a l'ombrage[3], et cela hautement
170 déclaré et imprimé, il répond : « Que ferais-je de vous ? » Et il a raison[4]. Tout le monde a raison contre lui. Et lui, a-t-il tort ? — Que faut-il qu'il fasse ? Je ne sais ; mais voici ce qu'il peut faire. Il peut, s'il a de la force, se faire soldat et passer sa vie sous les armes[5] ; une vie agitée, grossière, où l'activité physique *tuera* l'activité morale. Il peut, s'il en a la patience, se condamner aux travaux du chiffre[6], où le calcul *tuera* l'illusion. Il peut encore, si son cœur ne se soulève pas trop violemment, courber et amoindrir sa pensée, et cesser de chanter pour écrire[7]. Il peut être Homme de lettres, ou mieux encore : si la philosophie vient à son aide et s'il peut se dompter, il deviendra
180 utile et grand écrivain ; mais à la longue, le jugement aura *tué* l'imagination, et avec elle, hélas ! le vrai Poème qu'elle portait dans son sein. Dans tous les cas, il *tuera* une partie de lui-même ; mais, pour ces demi-suicides, pour ces immenses résignations, il faut encore une force rare. Si elle ne lui a pas été donnée, cette force, ou si les occasions de l'employer ne se trouvent pas sur sa route, et lui manquent, même pour s'immoler ; si, plongé dans cette lente destruction de lui-même, il ne s'y peut tenir, quel parti prendre ?

Celui que prit Chatterton[8] : se tuer tout entier ; il reste peu à faire[9]. Le voilà donc criminel ! criminel devant Dieu et les hommes. Car
190 LE SUICIDE EST UN CRIME RELIGIEUX ET SOCIAL. Qui veut le nier ? qui pense à dire autre chose ? — C'est ma conviction, comme c'est, je crois, celle de tout le monde. Voilà qui est bien entendu. — Le devoir et la raison le disent. Il ne s'agit que de savoir si le désespoir n'est pas quelque chose d'un peu plus fort que la raison et le devoir.

Certes on trouverait des choses bien sages[10] à dire à Roméo sur la tombe de Juliette[11], mais le malheur est que personne n'oserait ouvrir la bouche pour les prononcer devant une telle douleur. Songez à ceci ! la Raison[12] est une puissance froide et lente qui nous lie peu

---

1. *Veulent* trouver, exigent. — 2. L'homme très jeune et encore sans expérience (Chatterton meurt à 18 ans). — 3. Ce n'est pas le pouvoir qui le dit, mais Vigny qui commente. — 4. La répétition de cette formule permet de mieux mettre en valeur ce qui suit (*Et lui, a-t-il tort ?*). — 5. Vigny, songeant sans doute encore plus précisément à sa propre expérience, avait d'abord écrit : « *... et passer* quinze ans *sous les armes* ». — 6. L'étude des sciences exactes tue-t-elle forcément l'imagination créatrice ? On peut répliquer par l'exemple de Pascal, de Valéry. — 7. Sens de cette remarque ? — 8. Après le type évoqué, le nom qui le symbolise. — 9. Cruel humour. — 10. Raisonnables. — 11. Vigny prend volontiers ses exemples dans Shakespeare. Il avait d'ailleurs traduit *Roméo et Juliette* en 1828, en collaboration avec E. Deschamps. — 12. Noter l'emploi de la majuscule — de même que plus loin pour *Désespoir*. Procédé fréquent chez Vigny. À quel souci répond-il ?

à peu par les idées qu'elle apporte l'une après l'autre, comme les
200 liens subtils [1], déliés et innombrables, de Gulliver [2]; elle persuade,
elle impose quand le cours ordinaire des jours n'est que peu troublé;
mais le Désespoir véritable est une puissance dévorante, irrésistible,
hors des raisonnements, et qui commence par tuer la pensée d'un
seul coup. Le Désespoir n'est pas une idée; c'est une chose, une chose
qui torture, qui serre et qui broie le cœur d'un homme comme une

---

1. Extrêmement fins. — 2. Allusion au sort que font subir les Lilliputiens au héros de Swift
échoué sur le rivage.

■■■

● **Vigny ne perd pas de vue son argumentation** et le but qu'elle se propose
d'atteindre : obtenir notre *pitié* pour le *poète*, ce solitaire, ce réprouvé.
Les jalons sont nettement indiqués en cours de route, après l'évocation
de chaque « sorte d'homme » — et le mot de *pitié* revient comme un leit-
motiv (l. 77, 107, 152). Avant de nous montrer que l'absence de pitié
pour le poète le conduit au suicide, Vigny s'attache à exposer pourquoi
il se heurte à l'incompréhension de presque tous les hommes.

① Quelles sont, d'après les l. 161-171, les raisons et les manifestations
de cet ostracisme?

● **Le rôle du poète** — *Le pouvoir déclare qu'il ne protège que les intérêts
positifs* (l. 168). Cette phrase pose le problème permanent du rôle du poète
dans la société. Platon, rappelons-le, chassait les poètes de sa République
idéale, et Malherbe affirmait qu'un bon poète n'est pas plus utile à
l'État « qu'un bon joueur de quilles ». Au troisième acte de *Chatterton*.
c'est là-dessus que portera la discussion entre le Lord-Maire et le poète
(sc. 6).

② En puisant notamment vos illustrations dans l'œuvre de Vigny,
vous étudierez ces lignes de Paul Bourget (1852-1935) : « Le service des
Lettres, ce n'est rien de moins que le service même de la civilisation.
Elles n'en sont pas seulement la parure, elles sont cette civilisation même. »

● **Le poète acculé au suicide.** — Vigny considère comme une diminution,
voire un « demi-suicide », les solutions que le poète peut adopter pour
vivre, acceptant par exemple de devenir homme de lettres ou grand
écrivain.

③ Est-ce qu'en réalité beaucoup d'auteurs ne participent pas de ces
trois catégories à la fois? Citez des exemples. Avez-vous l'impression
que leur activité d'hommes de lettres ou de grands écrivains (au sens où
l'entend Vigny) ait « tué l'imagination » de certains poètes?
Au moment d'aborder le problème du suicide, il convenait — singulièrement en 1834 — de faire une mise au point. Soucieux de couper
court aux interprétations possibles et aux reproches, Vigny condamne
vigoureusement le suicide (*un crime religieux et social*, l. 190).
Il se trouve plus à l'aise, ensuite, pour faire avancer son argumentation
et expliquer la victoire du Désespoir sur la Raison.

■■■

tenaille, jusqu'à ce qu'il soit fou et se jette dans la mort comme dans les bras d'une mère.

Est-ce lui qui est coupable, dites-le moi? ou bien est-ce la société qui le traque ainsi jusqu'au bout [1]?

210 Examinons ceci; on peut trouver que c'en est la peine.

Il y a un jeu atroce, commun [2] aux enfants du Midi; tout le monde le sait. On forme un cercle de charbons ardents; on saisit un scorpion avec des pinces et on le pose au centre. Il demeure d'abord immobile jusqu'à ce que la chaleur le brûle; alors il s'effraie et s'agite. On rit. Il se décide vite, marche droit à la flamme, et tente courageusement de se frayer une route à travers les charbons; mais la douleur est excessive, il se retire. On rit. Il fait lentement le tour du cercle et cherche partout un passage impossible. Alors il revient au centre et rentre dans sa première mais plus sombre immobilité. Enfin

220 il prend son parti, retourne contre lui-même son dard empoisonné, et tombe mort sur-le-champ. On rit plus fort que jamais.

C'est lui sans doute qui est cruel et coupable, et ces enfants sont bons et innocents.

Quand un homme meurt de cette manière, est-il donc Suicide [3]? C'est la société qui le jette dans le brasier [4].

Je le répète, la religion et la raison, idées sublimes, sont des idées cependant, et il y a telle cause de désespoir extrême qui tue les idées d'abord et l'homme ensuite : la faim, par exemple. — J'espère être assez positif. Ceci n'est pas de l'idéologie.

230 Il me sera donc permis de dire timidement [5] qu'il serait bon de ne pas laisser un homme arriver jusqu'à ce degré de désespoir. Je ne demande à la société que ce qu'elle peut faire. Je ne la prierai point d'empêcher les peines de cœur et les infortunes idéales [6], de faire que Werther et Saint-Preux n'aiment ni Charlotte ni Julie d'Étanges [7]; je ne la prierai pas d'empêcher qu'un riche désœuvré, roué [8] et blasé, ne quitte la vie par dégoût de lui-même et des autres. Il y a, je le sais, mille idées de désolation auxquelles on ne peut rien. — Raison de plus, ce me semble, pour penser à celles auxquelles on peut quelque chose [9].

240 L'infirmité de l'inspiration est peut-être ridicule et malséante; je le veux [10]. Mais on pourrait ne pas laisser mourir cette sorte de malades. Ils sont toujours peu nombreux, et je ne puis me refuser à croire qu'ils ont quelque valeur, puisque l'humanité est unanime sur leur grandeur, et les déclare immortels sur quelques vers : quand ils sont morts, il est vrai [11].

---

1. Ces deux questions pressantes portent en elles-mêmes leurs réponses. — 2. Courant, répandu chez... — 3. Au sens de : qui se tue soi-même. — 4. Quel est l'effet produit par cette reprise de l'image antérieurement employée? — 5. Fausse humilité teintée d'ironie (procédé oratoire). — 6. Dues à l'imagination amoureuse. — 7. Dans les romans de Goethe (*Werther*, 1774) et de Rousseau (*La Nouvelle Héloïse*, 1761). — 8. Mot employé comme adjectif, au sens voisin de : débauché. — 9. C'est là un témoignage du souci d'*efficacité* qui se manifeste dans cette préface. — 10. *Je le veux* bien, je le concède. — 11. Humour noir.

Je sais bien que la rareté même de ces hommes inspirés et malheureux semblera prouver contre ce que j'ai écrit. — Sans doute l'ébauche imparfaite que j'ai tentée de ces natures divines ne peut retracer que quelques traits des grandes figures du passé. On dira que les
250 symptômes du génie se montrent sans enfantement ou ne produisent que des œuvres avortées; que tout homme jeune et rêveur n'est pas poète pour cela; que des essais ne sont pas des preuves; que quelques vers ne donnent pas des droits. — Et qu'en savons-nous? Qui donc nous donne à nous-mêmes le droit d'étouffer le gland en disant qu'il ne sera pas chêne?

Je dis, moi, que quelques vers suffisent à les faire reconnaître de leur vivant, si l'on savait y regarder. Qui ne dit à présent qu'il eût

● **Le symbole du scorpion** — Comme toutes les fois qu'il est hanté par une grande idée et qu'il souhaite la faire partager à son lecteur, Vigny a ici recours au symbole. L'exemple du scorpion était déjà dans Byron (*Le Giaour*), mais Vigny lui confère une signification originale (le poète, cerné de toutes parts par le désespoir et l'indifférence des hommes, en est réduit à se donner la mort), et le récit qu'il nous propose est particulièrement frappant.

① Vous étudierez de près les l. 211-221 en tâchant de mettre en évidence ce qui fait à la fois leur force et leur sobriété. Vous examinerez notamment le rôle joué par les pronoms personnels et indéfinis, qui expriment l'opposition entre le scorpion solitaire et son « public » anonyme, sans visage et sans âme.

● **La mise en cause de la société**

② Résumez l'argumentation de Vigny dans les lignes 224 à 255.

③ Montrez qu'il s'emploie à réfuter d'avance les objections qu'on pourrait lui opposer (l. 232-255). Vous persuade-t-il totalement?

④ La solution généreuse préconisée par Vigny — la prise en charge du jeune poète doué par « la société » — ne risque-t-elle pas d'aboutir à un résultat inverse de celui qu'il escompte? Le poète pourrait *écrire*, certes; serait-il encore amené à *chanter* (pour reprendre la distinction faite par Vigny lui-même aux lignes 177-178)?

La protestation formulée ici rejoint celle qu'élevait, juste cent ans auparavant, Voltaire dans les *Lettres philosophiques*. Cf. la comparaison qu'il fait entre le sort réservé par les Anglais à leur écrivain Pope — et celui qu'ont connu en France Crébillon et Louis Racine :

Si la religion de M. Pope ne lui permet pas d'avoir une place, elle n'empêche pas que sa traduction d'Homère lui ait valu deux cent mille francs. J'ai vu longtemps en France l'auteur de *Rhadamiste* près de mourir de faim, et le fils d'un des plus grands hommes que la France ait eus, et qui commençait à marcher sur les traces de son père, était réduit à la misère sans M. Fagon.

(Lettre XXIII, *Sur la Considération qu'on doit aux gens de lettres*).

donné tout au moins une pension alimentaire à André Chénier [1]
sur l'ode de *la Jeune Captive* seulement, et l'eût déclaré poète sur
260 les trente vers de *Myrto* [2]? Mais je suis assuré que, durant sa vie
(et il n'y a pas longtemps de cela), on ne pensait pas ainsi; car il
disait :

> *Las du mépris des sots qui suit la pauvreté,*
> *Je regarde la tombe, asile souhaité* [3].

Jean La Fontaine a gravé pour vous d'avance sur sa pierre, avec
son insouciance désespérée [4] :

> *Jean s'en alla comme il était venu,*
> *Mangeant son fonds avec son revenu* [5]

Mais, sans ce *fonds*, qu'eût-il fait? à quoi, s'il vous plaît, était-il bon ?
270 Il vous le dit : à dormir et ne rien faire. Il fût infailliblement [6] mort de
faim.

Les beaux vers, il faut dire le mot, sont une marchandise qui ne
plaît pas au commun des hommes. Or la multitude seule multiplie
le salaire; et, dans les plus belles des nations, la multitude ne cesse
qu'à la longue d'être *commune* dans ses goûts d'aimer ce qui est
commun. Elle ne peut arriver qu'après une lente instruction [7] donnée
par les esprits d'élite; et, en attendant, elle écrase sous tous ses
pieds les talents naissants, dont elle n'entend même pas les cris
de détresse.

280 Eh! n'entendez-vous pas le bruit des pistolets [8] solitaires? Leur
explosion est bien plus éloquente que ma faible voix. N'entendez-vous
pas ces jeunes désespérés qui demandent le pain quotidien, et dont
personne ne paye le travail? Eh quoi! les nations manquent-elles
à ce point de superflu? Ne prendrons-nous pas, sur les palais et les
milliards que nous donnons [9], une mansarde et un pain pour ceux
qui tentent sans cesse d'idéaliser leur nation malgré elle? Cesserons-
nous de leur dire : « Désespère et meurs; *despair and die* [10]. »? — C'est
au législateur à guérir cette plaie, l'une des plus vives et des plus
profondes de notre corps social; c'est à lui qu'il appartient de réaliser
290 dans le présent une partie des jugements meilleurs de l'avenir, en
assurant quelques années d'existence seulement à tout homme
qui aurait donné un seul gage du talent divin. Il ne lui faut que deux
choses : la vie et la rêverie; le *pain* et le *temps*.

---

1. L'un des trois poètes dont le sort est évoqué dans *Stello*. — 2. Il s'agit de *La Jeune Taren-
tine*. — 3. *Élégies*, XXXV. — 4. N'est-ce pas conférer du pathétique à un auteur qui n'en a
que faire? — 5. Vers tirés de l'*Épitaphe d'un paresseux* (La Fontaine écrit d'ailleurs : « Mangea
le fonds avec *le* revenu »). — 6. Inéluctablement. — 7. Confiance de Vigny dans les progrès
de l'esprit — et peut-être plus simplement dans ce qu'on nomme aujourd'hui la culture populaire. — 8. Expression évoquant les nombreux suicides de jeunes gens et de jeunes poètes dans
les années précédentes (voir p. 30). — 9. Antithèse hyperbolique. — 10. Citation de Shakespeare
(*Richard III*, V, 3) que l'on retrouve en épigraphe du drame de Vigny.

Voilà le sentiment et le vœu qui m'a[1] fait écrire ce drame; je ne descendrai pas de cette question à celle de la forme d'art que j'ai créée[2]. La vanité la plus vaine est peut-être celle des théories littéraires. Je ne cesse de m'étonner qu'il y ait eu des hommes qui aient pu croire de bonne foi, durant un jour entier, à la durée des règles qu'ils écrivaient. Une idée vient au monde tout armée, comme
300 Minerve; elle revêt en naissant la seule armure qui lui convienne

---

1. Accord avec le mot le plus rapproché (usage classique). — 2. Vigny a conscience de créer un type particulier de drame, qu'il appelle, un peu plus loin (l. 315), *drame de la pensée.*

● **L'exemple de Chénier et celui de La Fontaine**

① Vous paraissent-ils judicieux? Ces deux écrivains répondent-ils au portrait que Vigny vient de nous tracer du poète? Les citations sont-elles bien choisies? Pourquoi?

② Confrontez les lignes concernant La Fontaine avec ce passage du *Journal d'un poète* (décembre 1857) : « Il y a des poètes armés et des poètes désarmés, des poètes à aiguillon et d'autres sans aiguillon. — *C'est pour ceux qui naissent sans armes* que j'ai parlé et plaidé. Juvénal, Dante, Milton avaient le dard de l'improvisation et de la satire. Ils pouvaient attaquer et se défendre. — Le rêveur La Fontaine, sans présence d'esprit, sans force, n'aurait pas eu la puissance de la lutte. Il n'aurait pas pu vivre, s'il n'eût reçu en naissant une fortune qu'il laissait couler comme une source dont on ôte le robinet. »

● **Une péroraison éloquente et pathétique** (l. 280-293). — On retrouve, dans la dernière partie du plaidoyer, le style oratoire qui caractérisait l'exorde.

③ Étudiez de ce point de vue l'emploi des formules interrogatives et des anaphores.

④ *Eh! n'entendez-vous pas le bruit des pistolets solitaires?* (l. 280) : cette phrase est riche d'évocation. Pourquoi?

⑤ A quels sentiments Vigny fait-il appel chez son lecteur? N'est-il pas adroit de sa part de susciter d'abord un élan (l. 280-287), puis de se tourner vers le législateur (l. 287-293)?

● **Le manifeste en faveur des poètes abandonnés**

⑥ En quoi résident sa force — et sa faiblesse?

⑦ Qu'y a-t-il de caduc aujourd'hui dans ce texte. Pourquoi?

⑧ Vous apprécierez ce plaidoyer à la lumière de ce qu'en dit l'auteur dans son *Journal* (1835) :

« ... Dans la nuit du 29 au 30 juin, je me laissai aller au besoin de dire au public, comme à un ami, ce que je venais de faire pour lui. — J'étais encore tout ému de l'enthousiasme fiévreux du travail et je ne pouvais m'empêcher de dépasser la barrière du dernier mot du drame. Le moule était plein et il me restait encore de la matière à employer. — A présent [...] relisant à froid ces pages, j'ai été tenté de les brûler [...]. Je pensai que cet enivrement paraîtrait sans doute ridicule, présenté à des lecteurs distraits; mais aussi je songeai à ceux qui se pénètrent plus profondément des émotions qui naissent d'une œuvre sérieuse, et il me sembla que je leur devais un compte fidèle du travail que je venais de faire, et qu'il fallait les faire remonter jusqu'à la source même des idées dont ils avaient suivi le cours. »

et qui doive dans l'avenir être sa forme durable : l'une, aujourd'hui, aura un vêtement composé de mille pièces, l'autre, demain, un vêtement simple. Si elle paraît belle à tous, on se hâte de calquer sa forme et de prendre sa mesure; les rhéteurs notent ses dimensions, pour qu'à l'avenir on en taille de semblables. Soin puéril! — Il n'y a ni maître ni école en poésie[1]; le seul maître, c'est celui qui daigne faire descendre dans l'homme l'émotion féconde et faire sortir les idées de nos fronts, qui en sont brisés quelquefois.

310 Puisse cette forme ne pas être renversée par l'assemblée qui la jugera dans six mois[2] ! Avec elle périrait un plaidoyer en faveur de quelques infortunés inconnus; mais je crois trop pour craindre beaucoup[3]. — Je crois surtout à l'avenir et au besoin universel de choses sérieuses; maintenant que l'amusement des yeux par des surprises enfantines fait sourire tout le monde au milieu même de ses grandes aventures, c'est, ce me semble, le temps du DRAME DE LA PENSÉE.

Une idée qui est l'examen d'une blessure de l'âme devait avoir dans sa forme l'unité la plus complète, la simplicité la plus sévère. S'il existait une intrigue moins compliquée que celle-ci, je la choi-
320 sirais. L'action matérielle est assez peu de chose pourtant. Je ne crois pas que personne la réduise à une plus simple expression que, moi-même, je ne le vais faire : — c'est l'histoire d'un homme qui a écrit une lettre le matin et qui attend la réponse jusqu'au soir; elle arrive, et le tue. — Mais ici l'action morale[4] est tout. L'action est dans cette âme livrée à de noires tempêtes : elle est dans les cœurs de cette jeune femme et de ce vieillard qui assistent à la tourmente, cherchant en vain à retarder le naufrage, et luttent contre un ciel et une mer si terribles que le bien est impuissant, et entraîné lui-même dans le désastre inévitable.

330 J'ai voulu montrer l'homme spiritualiste[5] étouffé par une société matérialiste, où le calculateur avare exploite sans pitié l'intelligence et le travail[6]. Je n'ai point prétendu justifier les actes désespérés des malheureux, mais protester contre l'indifférence qui les y contraint. Peut-on frapper trop fort sur l'indifférence si difficile à éveiller, sur la distraction si difficile à fixer[7]? Y a-t-il un autre moyen de toucher la société que de lui montrer la torture de ses victimes[8]?

Le Poète était tout pour moi; Chatterton n'était qu'un nom

---

1. Témoignage de l'individualisme farouche de l'auteur en matière de création littéraire. —
2. Allusion à la première représentation de *Chatterton* qui aura lieu, en réalité, un peu moins de huit mois plus tard. — 3. Comment qualifier une telle formule? — 4. Intérieure, fondée sur la psychologie des personnages. — 5. Celui qui croit à la valeur de l'esprit créateur, et à sa primauté. — 6. Ces deux valeurs, un Albert Camus, au xxᵉ s., les considérera encore comme essentielles : « Je n'ai jamais reconnu quant à moi que deux aristocraties, celle du travail et celle de l'intelligence [...] » (« Le Pain et la Liberté », *Actuelles*, II, p.168-169). — 7. Arrêter sur un sujet précis. — 8. Les l. 330 à 336 ne figuraient pas dans une première version du texte.

d'homme, et je viens d'écarter à dessein des faits exacts de sa vie pour ne prendre de sa destinée que ce qui la rend un exemple à 340 jamais déplorable d'une noble misère.

Toi que tes compatriotes appellent aujourd'hui *merveilleux enfant* [1]! que tu aies été juste ou non [2], tu as été malheureux; j'en suis certain, et cela me suffit. — Ame désolée, pauvre âme de dix-huit ans! pardonne-moi de prendre pour symbole le nom que tu portais sur la terre, et de tenter le bien en ton nom.

Écrit du 29 au 30 juin 1834.

1. Citation du poète anglais Wordsworth *(Revolution and Independance, 7)*. — 2. Allusion aux accusations de plagiat lancées contre Chatterton. Vigny veut les ignorer, car il place le débat sur un autre plan, celui de l'injustice du sort et de la société.

● **Après le manifeste, la préface proprement dite** (l. 294-345). — Vigny justifie la forme qu'il a donnée à sa pièce.

① *La vanité la plus vaine est peut-être celle des théories littéraires* (l. 296). En s'exprimant ainsi, l'auteur n'obéit-il pas à des motifs personnels? Se soumet-il dans son drame aux exigences formulées sept ans auparavant par Hugo dans la Préface de *Cromwell*? Est-il absolument fidèle à ce qu'il exprimait lui-même dans la *Lettre à Lord****?

● **Un « drame de la pensée »** (l. 315)

② Dites ce que Vigny entend précisément par cette expression.

③ Connaissez-vous d'autres pièces de l'époque romantique qui, du moins à certains égards, pourraient être ainsi qualifiées? Dans quelle mesure *Lorenzaccio* (1834), par exemple, est-il un « drame de la pensée »?

● **« Chatterton » tragédie classique?** Le rapprochement a souvent été fait. La préface même nous invite implicitement à l'envisager.

④ *L'action matérielle est assez peu de chose* [...] *l'action morale est tout* (l. 320 et 324). Montrez que cette manière de caractériser *Chatterton* peut aisément être mise en parallèle avec ce qu'on lit dans la première préface de *Britannicus*, où Racine défend le principe d'une « action simple, chargée de peu de matière, telle que doit être une action qui se passe en un jour et qui, s'avançant par degrés vers sa fin, n'est soutenue que par les intérêts, les sentiments et les passions des personnages ».

⑤ *C'est l'histoire d'un homme qui a écrit une lettre le matin et qui attend la réponse jusqu'au soir; elle arrive, et le tue* (l. 322-324). Commentez et, éventuellement, discutez.

● **« Chatterton » pièce symbolique** — *Le Poète était tout pour moi ; Chatterton n'était qu'un nom d'homme* (l. 337). On trouvait déjà exprimé le principe auquel se rattache cette formule dans les *Réflexions sur la vérité dans l'art* (1827) : « L'idée est tout. Le nom propre n'est rien que l'exemple et la preuve de l'idée. »

⑥ Comment Vigny a-t-il illustré dans son drame cette phrase (l. 330) qui résume ses intentions : *J'ai voulu montrer l'homme spiritualiste étouffé par une société matérialiste*?

CARACTÈRES ET COSTUMES DES RÔLES PRINCIPAUX
DE LA PIÈCE

La scène est à Londres (1770)

CHATTERTON

CARACTÈRE. — *Jeune homme de dix-huit ans, pâle, énergique de visage, faible de corps, épuisé de veilles et de pensée, simple et élégant à la fois dans ses manières, timide et tendre devant Kitty Bell, amical et bon avec le quaker, fier avec les autres, et sur la défensive avec tout le monde ; grave et passionné dans l'accent et le langage.*

COSTUME. — *Habit noir, veste noire, pantalon gris, bottes molles, cheveux bruns, sans poudre, tombant un peu en désordre ; l'air à la fois militaire et ecclésiastique.*

KITTY BELL

CARACTÈRE. — *Jeune femme de vingt-deux ans environ, mélancolique,*
10 *gracieuse, élégante par nature plus que par éducation, réservée, religieuse, timide dans ses manières, tremblante devant son mari, expansive et abandonnée seulement dans son amour maternel. Sa pitié pour Chatterton va devenir de l'amour, elle le sent, elle en frémit ; la réserve qu'elle s'impose en devient plus grande ; tout doit indiquer, dès qu'on la voit, qu'une douleur imprévue et une subite terreur peuvent la faire mourir tout à coup.*

COSTUME. — *Chapeau de velours noir, de ceux qu'on nomme à la Paméla*[1]*, robe longue, de soie grise ; rubans noirs ; longs cheveux bouclés dont les repentirs*[2] *flottent sur le sein.*

LE QUAKER

20 CARACTÈRE. — *Vieillard de quatre-vingts ans, sain et robuste de corps et d'âme, énergique et chaleureux dans son accent, d'une bonté paternelle pour ceux qui l'entourent, les surveillant en silence et les dirigeant sans vouloir les heurter ; humoriste et misanthropique lorsqu'il voit les vices de la société ; irrité contre elle et indulgent pour chaque homme en particulier, il ne se sert de son esprit mordant que lorsque l'indignation l'emporte ; son regard est pénétrant, mais il feint de n'avoir rien vu pour être maître de sa conduite ; ami de la maison et attentif à l'accomplissement de tous les devoirs et au maintien de l'ordre et de la paix, chacun en secret l'avoue pour directeur de son âme et de sa vie.*

30 COSTUME. — *Habit, veste, culotte, bas couleur noisette, brun clair ou gris ; grand chapeau rond à larges bords ; cheveux blancs aplatis et tombants.*

---

1. Du nom de l'héroïne d'un roman de Richardson ; chapeau à bords assez larges. — 2. Longues boucles frisées.

JOHN BELL

CARACTÈRE. — *Homme de quarante-cinq à cinquante ans* [1]*, vigoureux, rouge de visage, gonflé d'ale, de porter* [2] *et de roast beef, étalant dans sa démarche l'aplomb de sa richesse ; le regard soupçonneux, dominateur ; avare et jaloux, brusque dans ses manières, et faisant sentir le maître à chaque geste et à chaque mot.*

COSTUME. — *Cheveux plats sans poudre, large et simple habit brun.*

LORD BECKFORD

CARACTÈRE. — *Vieillard riche, important ; figure de protecteur sot ; les joues orgueilleuses, satisfaites, pendant sur une cravate brodée ; un pas ferme et imposant. Rempli d'estime pour la richesse et de mépris pour la pauvreté.*

COSTUME. — *Collier de lord-maire* [3] *au cou ; habit riche, veste de brocart,* [4] *grande canne à pomme d'or.*

LORD TALBOT

CARACTÈRE. — *Fat et bon garçon à la fois, joyeux compagnon, étourdi et vif de manières, ennemi de toute application et heureux surtout d'être délivré de tout spectacle triste et de toute affaire sérieuse.*

COSTUME. — *Habit de chasse rouge, ceinture de chamois, culotte de peau, cheveux à grosse queue* [5] *légèrement poudrés, casquette noire vernie.*

> NOTA. — Les personnages sont placés sur le théâtre dans l'ordre de l'inscription de leurs noms en tête de chaque scène, et il est entendu que les termes de *droite* et de *gauche* s'appliquent au spectateur.

---

1. Noter la différence d'âge avec Kitty Bell. — 2. Bières anglaises, assez fortes. — 3. L'insigne de sa fonction. Le Lord-Maire préside pendant un an aux destinées de la ville de Londres. — 4. Étoffe, généralement de soie, brodée de motifs d'or et d'argent formant des figures variées. — 5. Touffe de cheveux, attachée avec un cordon et enrubannée.

● **Un souci minutieux de metteur en scène** — Vigny use ici d'un procédé auquel il avait déjà eu recours pour *la Maréchale d'Ancre*. La précision de ses indications révèle à la fois un auteur parfaitement conscient du caractère qu'il a voulu donner à ses personnages — et un homme de théâtre possédant déjà les qualités d'un metteur en scène moderne.

● **Le portrait de Chatterton** — Le jeune homme est décrit en ces termes dans *Stello* (chap. 17), par la bouche du Docteur Noir :

> « Des cheveux bruns tombant sans poudre sur les oreilles, le profil d'un jeune Lacédémonien, un front haut et large, des yeux noirs très grands, fixes, creux et perçants, un menton relevé sous des lèvres épaisses, auxquelles le sourire ne semblait pas avoir été possible [...]. Le costume de Chatterton était entièrement noir de la tête aux pieds ; son habit, serré et boutonné jusqu'à la cravate, lui donnait tout ensemble l'air militaire et ecclésiastique... »

DISTRIBUTION

LES PERSONNAGES	LES ACTEURS
CHATTERTON	M. Geffroy.
UN QUAKER [1]	M. Joanny.
KITTY BELL	Mme Dorval.
JOHN BELL	M. Guiaud.
LORD BECKFORD, lord-maire de Londres [2]	M. Duparay.
LORD TALBOT	M. Mirecour.
LORD LAUDERDALE	M. Mathien.
LORD KINGSTON	M. Welsch.
UN GROOM	M. Monlaur.
UN OUVRIER	M. Faure.

RACHEL, fille de Kitty Bell, âgée de six ans.

SON FRÈRE, jeune garçon de quatre ans.

TROIS JEUNES LORDS.

DOUZE OUVRIERS DE LA FABRIQUE DE JOHN BELL.

DOMESTIQUES DU LORD-MAIRE.

DOMESTIQUES DE JOHN BELL.

UN GROOM.

---

1. Le type de personnage est supposé connu du lecteur, puisque Vigny consacre sa notice à caractériser la personnalité particulière du vieillard. La secte, en effet, avait beaucoup fait parler d'elle par son originalité : les *quakers* (c'est-à-dire : les trembleurs), se disant directement inspirés par Dieu, entraient en transes, tremblaient quand ils sentaient l'inspiration du « Christ intérieur » — et prétendaient alors exprimer la parole divine. Leurs mœurs étaient austères ; ils tutoyaient leurs semblables, et leur non-conformisme les amenait à rejeter l'impôt et le service militaire. Leur origine est due à l'Anglais George Fox, qui fonda la secte en 1647. Celle-ci prospéra rapidement, et attira l'attention de Voltaire, exilé en Angleterre, qui lui consacra plusieurs de ses *Lettres philosophiques* : « Le quaker était un vieillard frais qui n'avait jamais connu les passions ni l'intempérance ; je n'ai point vu en ma vie d'air plus noble ni plus engageant que le sien. Il était vêtu, comme tous ceux de sa religion, d'un habit sans plis dans les côtés, et sans boutons sur les poches ni sur les manches, et portait un grand chapeau à bords rabattus comme nos ecclésiastiques. » *(Lettre I).* — 2. Le Lord-Maire est dépeint ainsi dans *Stello* (chap. 17) : « Le brave homme était d'une haute taille, avait le nez gros et rouge tombant sur un menton rouge et gros [...]. Il avait un ventre paresseux, dédaigneux et gourmand, longuement emmaillotté dans une veste de brocart d'or ; des joues orgueilleuses, satisfaites, opulentes, paternelles, pendant largement sur la cravate ; des jambes solides, monumentales et goutteuses, qui le portaient noblement d'un pas prudent, mais ferme et honorable, et une queue poudrée, enfermée dans une grande bourse qui couvrait ses rondes et larges épaules, dignes de porter, comme un monde, la charge de *Lord-Mayor.* »

CHATTERTON

DRAME

REPRÉSENTÉ POUR LA PREMIÈRE FOIS A PARIS
SUR LE THÉATRE DE LA COMÉDIE-FRANÇAISE
LE 12 FÉVRIER 1835

Despair and die[1] (Shakespeare)

ACTE PREMIER

*La scène représente un vaste appartement ; arrière-boutique opulente
et confortable de la maison de John Bell*[2]. *A gauche du spectateur,
une cheminée pleine de charbon de terre allumé. A droite, la porte
de la chambre à coucher de Kitty Bell. Au fond, une grande porte
vitrée : à travers les petits carreaux, on aperçoit une riche boutique ;
un grand escalier tournant conduit à plusieurs portes étroites et
sombres, parmi lesquelles se trouve la porte de la petite chambre de
Chatterton.*

*Le quaker lit dans un coin de la chambre, à gauche du spectateur. A
droite est assise Kitty Bell ; à ses pieds un enfant assis sur un
tabouret ; une jeune fille* [3] *debout à côté d'elle.*

SCÈNE PREMIÈRE. — LE QUAKER, KITTY BELL, RACHEL.

KITTY BELL, *à sa fille qui montre un livre à son frère.* — Il me semble [1]
que j'entends parler monsieur [4]; ne faites pas de bruit, enfants.
(*Au quaker.*) Ne pensez-vous pas qu'il arrive quelque chose ? (*Le
quaker hausse les épaules.*) Mon Dieu ! votre père est en colère !
certainement il est fort en colère ; je l'entends bien au son de sa [5]
voix. — Ne jouez pas, je vous en prie, Rachel. (*Elle laisse tomber
son ouvrage et écoute.*) Il me semble qu'il s'apaise, n'est-ce pas,
monsieur [5] ? (*Le quaker fait signe que oui, et continue sa lecture.*)
N'essayez pas ce petit collier, Rachel ; ce sont des vanités du
monde que nous ne devons pas même toucher... Mais qui donc [10]

---

1. *Désespère et meurs.* — 2. Ce sera, à une exception près, le décor unique de la pièce, et cette
unité de lieu contribuera largement à conférer au drame le caractère « classique » qu'on lui
reconnaît volontiers. — 3. Il s'agit en réalité d'une fillette, puisque Rachel a six ans. — 4.
John Bell, son mari. — 5. Dans une première rédaction, Kitty Bell, au lieu de faire elle-même
les réponses, dialoguait avec sa fille, alors nommée Betzy.

vous a donné ce livre-là? C'est une Bible; qui vous l'a donnée, s'il vous plaît? Je suis sûre que c'est le jeune monsieur qui demeure ici depuis trois mois [1].

RACHEL. — Oui, maman.

KITTY BELL. — Oh! mon Dieu! qu'a-t-elle fait là! — Je vous ai [15] défendu de rien accepter, ma fille, et rien surtout de ce pauvre jeune homme [2]. — Quand donc l'avez-vous vu, mon enfant? Je sais que vous êtes allée ce matin, avec votre frère, l'embrasser dans sa chambre. Pourquoi êtes-vous entrés chez lui, mes enfants? C'est bien mal! (*Elle les embrasse.*) Je suis certaine qu'il écrivait [20] encore; car, depuis hier au soir, sa lampe brûlait toujours [3].

RACHEL. — Oui, et il pleurait.

KITTY BELL. — Il pleurait! Allons, taisez-vous! ne parlez de cela à personne. Vous irez rendre ce livre à monsieur Tom [4] quand il vous appellera; mais ne le dérangez jamais, et ne recevez de lui [25] aucun présent. Vous voyez que, depuis trois mois qu'il loge ici, je ne lui ai même pas parlé une fois [5], et vous avez accepté quelque chose, un livre. Ce n'est pas bien. — Allez... allez embrasser le bon quaker. — Allez, c'est bien le meilleur ami que Dieu nous ait donné. (*Les enfants courent s'asseoir sur les genoux du quaker.*) [30]

LE QUAKER. — Venez sur mes genoux tous deux, et écoutez-moi bien. — Vous allez dire à votre bonne petite mère que son cœur est simple, pur et véritablement chrétien, mais qu'elle est plus enfant que vous dans sa conduite, qu'elle n'a pas assez réfléchi à ce qu'elle vient de vous ordonner, et que je la prie de considérer que rendre [35] à un malheureux le cadeau qu'il a fait, c'est l'humilier et lui faire mesurer toute sa misère.

KITTY BELL, *s'élance de sa place* [6]. — Oh! il a raison! il a mille fois raison! Donnez, donnez-moi ce livre, Rachel. — Il faut le garder, ma fille! le garder toute ta vie. — Ta mère s'est trompée. — Notre [40] ami a toujours raison.

LE QUAKER, *ému et lui baisant la main.* — Ah! Kitty Bell! Kitty Bell! âme simple et tourmentée! — Ne dis point cela de moi. — Il n'y

---

1. La précision, qui peut paraître superflue, est due surtout aux nécessités de l'exposition. — 2. Première manifestation de la pitié éprouvée par Kitty Bell. — 3. Chatterton écrit la nuit, ainsi que Vigny lui-même (*cf. Dernière nuit de travail*, p. 35, n. 3). — 4. Diminutif de Thomas. — 5. Invraisemblable, à première vue, mais il faut tenir compte du climat de réserve puritaine qui règne dans la maison. — 6. Que révèle cette indication scénique sur le tempérament de la jeune femme?

a pas de sagesse humaine[1]. — Tu le vois bien, si j'avais raison au fond[2], j'ai eu tort dans la forme. — Devais-je avertir les [45] enfants de l'erreur légère de leur mère? Il n'y a pas, ô Kitty Bell[3], il n'y a pas si belle pensée à laquelle ne soit supérieur un des élans de ton cœur chaleureux, un des soupirs de ton âme tendre et modeste. (*On entend une voix tonnante* [4]

---

1. Paroles empreintes d'un profond scepticisme. — 2. Dans le fond, dans la pensée. — 3. Noter le ton. — 4. Effet de contraste.

● **L'exposition : présentation des personnages** — Par des procédés qui ne sont pas sans faire songer, parfois, à ceux de la tragédie classique, Vigny fait en sorte que chaque personnage — présent ou absent — soit caractérisé :

Kitty Bell : *âme simple et tourmentée*, dit le quaker (l. 43).

① Quelles sont les répliques de la jeune femme qui justifient une telle définition?

② Montrez qu'on distingue déjà en elle l'épouse craintive, la mère aux principes puritains, la créature sensible, fragile même, et particulièrement accessible à la pitié.

Le quaker : il jouera un peu le rôle du chœur dans la tragédie antique. Ce sera la voix de l'expérience (il a quatre-vingts ans) plutôt que celle de la sagesse. Ne dit-il pas lui-même (l. 43) : *Il n'y a pas de sagesse humaine*?

③ Dégagez de ses paroles ce qui traduit son goût pour la vérité.

John Bell : en quelque sorte *présent* par ses éclats de voix (cf. l'utilisation de la voix *off* au cinéma). L'effroi de Kitty Bell et la dernière réplique du quaker suffisent à nous donner une idée du personnage.

④ Quelle attitude devons-nous attendre de John Bell aussi bien envers sa famille qu'à l'égard de ses ouvriers?

⑤ Dans *Stello*, ce personnage est tout juste esquissé. A quel souci de construction dramatique Vigny vous semble-t-il avoir obéi en nous le présentant d'emblée comme un « vautour », une sorte de bourreau?

Chatterton : bien qu'il ne doive apparaître qu'à la scène 5, il est déjà présent dans la pensée et la conversation du quaker et de Kitty Bell. Il y a là, à première vue, un procédé cher aux Classiques, qui retardent la venue du « héros » sur la scène pour permettre aux autres personnages de nous le dépeindre et en quelque sorte de nous familiariser avec lui (ainsi de Néron dans *Britannicus*, de Tartuffe, etc.). Ici, peu de détails. Quelques-uns, cependant, qui nous dessinent une image de Chatterton.

⑥ Lesquels?

C'est généralement le petit fait vrai, le détail caractéristique, le geste « symbolique » qui nous révèle un caractère.

⑦ Quel est à cet égard le rôle joué par la Bible que la petite Rachel a reçue de Chatterton?

KITTY BELL, *effrayée*. — Oh! mon Dieu! encore en colère! — La voix [50] de leur père me répond là! (*Elle porte la main à son cœur.*) Je ne puis plus respirer. — Cette voix me brise le cœur [1]. — Que lui a-t-on fait? Encore une colère comme hier au soir... (*Elle tombe sur un fauteuil.*) J'ai besoin d'être assise. — N'est-ce pas comme un orage qui vient? et tous les orages tombent sur mon pauvre [55] cœur.

LE QUAKER. — Ah! je sais ce qui monte à la tête de votre seigneur et maître : c'est une querelle avec les ouvriers de sa fabrique. — Ils viennent de lui envoyer, de Norton [2] à Londres, une députation pour demander la grâce d'un de leurs compagnons. Les [60] pauvres gens ont fait bien vainement une lieue à pied! — Retirez-vous tous les trois... Vous êtes inutiles ici. — Cet homme-là vous tuera [3]... c'est une espèce de vautour qui écrase sa couvée. (*Kitty Bell sort, la main sur son cœur, en s'appuyant sur la tête de son fils, qu'elle emmène avec Rachel.*) [65]

SCÈNE II. — LE QUAKER, JOHN BELL,
UN GROUPE D'OUVRIERS.

LE QUAKER, *regardant arriver John Bell*. — Le voilà en fureur... Voilà l'homme riche, le spéculateur heureux; voilà l'égoïste par excellence, le juste selon la loi.

JOHN BELL. *Vingt ouvriers le suivent en silence, et s'arrêtent contre la porte* [4]. — *Aux ouvriers, avec colère*. — Non, non, non, non! — [70] Vous travaillerez davantage, voilà tout.

UN OUVRIER, *à ses camarades*. — Et vous gagnerez moins, voilà tout [5].

JOHN BELL. — Si je savais qui a répondu cela, je le chasserais sur-le-champ comme l'autre [6].

LE QUAKER. — Bien dit, John Bell! tu es beau précisément comme [75] un monarque au milieu de ses sujets.

JOHN BELL. — Comme vous êtes quaker, je ne vous écoute pas, vous; mais, si je savais lequel de ceux-là vient de parler! Ah!... l'homme sans foi [7] que celui qui a dit cette parole! Ne m'avez-vous pas tous vu compagnon [8] parmi vous? Comment suis-je arrivé au [80]

---

1. Ainsi savons-nous dès maintenant que Kitty Bell a le cœur fragile. — 2. *Norton* n'existe pas. Vigny avait d'abord écrit *Peckham*, et *Greenwick* (pour Greenwich). — 3. Dans quelle mesure peut-on dire que cette prédiction s'accomplira? — 4. A l'origine, un changement de décor était prévu, qui permettait à la scène de se dérouler dans l'arrière-boutique. Vigny y renonça. A-t-il bien fait? — 5. Réplique ironique, du tac au tac. Mais John Bell éludera la discussion et là s'arrêteront les paroles des ouvriers : voir la l. 95. — 6. Expression méprisante, désignant Tobie, le travailleur licencié. — 7. Sans honnêteté — car il ne sait pas reconnaître les mérites de John Bell. — 8. Ouvrier travaillant pour un entrepreneur; cf. La Bruyère (*Les Caractères*, V, 75) : « Il a des *compagnons* qui travaillent sous lui ».

bien-être que l'on me voit[1]? Ai-je acheté tout d'un coup toutes les maisons de Norton avec sa fabrique? Si j'en suis le seul maître à présent[2], n'ai-je pas donné l'exemple du travail et de l'économie? N'est-ce pas en plaçant les produits de ma journée que j'ai nourri mon année? Me suis-je montré paresseux ou prodigue dans [85] ma conduite? — Que chacun agisse ainsi, et il deviendra aussi riche que moi. Les machines diminuent votre salaire, mais elles augmentent le mien; j'en suis très fâché pour vous, mais très content pour moi[3]. Si les machines vous appartenaient, je trouverais très bon que leur production vous appartînt; mais j'ai [90] acheté les mécaniques avec l'argent que mes bras ont gagné : faites de même, soyez laborieux et surtout économes. — Rappelez-vous bien ce sage proverbe de nos pères : *Gardons bien les sous, les shellings se gardent eux-mêmes*[4]. Et à présent qu'on ne me parle plus de Tobie; il est chassé pour toujours. Retirez-vous sans rien [95] dire, parce que le premier qui parlera sera chassé, comme lui, de la fabrique, et n'aura ni pain, ni logement, ni travail dans le village[5]. (*Ils sortent.*)

---

1. John Bell se vante impudemment de sa richesse et étale sa satisfaction d'être *arrivé*. — 2. Tout Norton lui appartient. C'est un cas assez fréquent dans la société capitaliste du XIXe et du début du XXe s. — 3. Noter la dureté et l'égoïsme de ce raisonnement. — 4. Quelle est la signification de ce proverbe? — 5. Le quaker l'a dit (l. 76) : John Bell est un monarque, et un monarque absolu puisque tout dépend de lui dans Norton.

■■■

● **John Bell face à ses ouvriers** — On peut tenir pour une innovation l'apparition des ouvriers sur la scène, si l'on excepte le rôle de Gilbert dans *Marie Tudor* (1833). Par la suite, l'affrontement des travailleurs et du patronat sera évoqué dans plusieurs pièces, sous des formes diverses; citons notamment : *Le Repas du Lion*, de François de Curel (1897); *Boulevard Durand*, d'Armand Salacrou (1960). John Bell fait ici figure de « patron de combat », d'une dureté sans failles et sans nuances.
① Dans sa réplique aux ouvriers (l. 86-98), montrez que l'apparente logique de son raisonnement se fonde en réalité sur des sophismes.
② Dans le même passage, trouvez quelques exemples du cynisme et de l'égoïsme de John Bell.

● **Vigny et l'actualité** — Nous reconnaissons ici l'écho d'événements récents et de théories neuves. En Angleterre, précisément, le développement du machinisme avait provoqué une diminution des salaires et suscité les violences des *luddistes* (les « briseurs de machines ») en 1826. L'idée même de l'accident dont a été victime Tobie a pu être suggérée par des cas semblables que signale d'Haussez dans son livre, *la Grande-Bretagne en 1833*. Il est probable que Vigny l'a lu, à un moment où ses sympathies allaient encore au Saint-Simonisme et à La Mennais (dont les *Paroles d'un croyant* paraissent en 1834). C'est aussi l'époque de la révolte des canuts lyonnais, cruellement réprimée.

■■■

LE QUAKER. — Courage, ami! je n'ai jamais entendu au parlement[1]
un raisonnement plus sain que le tien.   100

JOHN BELL *revient, encore irrité et s'essuyant le visage*. — Et vous, ne
profitez pas de ce que vous êtes quaker pour troubler tout, partout
où vous êtes. — Vous parlez rarement, mais vous devriez ne
jamais parler. — Vous jetez au milieu des actions des paroles qui
sont comme des coups de couteau[2].   105

LE QUAKER. — Ce n'est que du bon sens, maître John; et quand les
hommes sont fous, cela leur fait mal à la tête. Mais je n'en ai pas
de remords; l'impression d'un mot vrai ne dure pas plus que le
temps de le dire; c'est l'affaire d'un moment.

JOHN BELL. — Ce n'est pas là mon idée : vous savez que j'aime assez 110
à raisonner avec vous sur la politique; mais vous mesurez tout à
votre toise, et vous avez tort. La secte de vos quakers est déjà
une exception dans la chrétienté, et vous êtes vous-même une
exception parmi les quakers. — Vous avez partagé tous vos biens
entre vos neveux; vous ne possédez plus rien qu'une chétive[3]   115
subsistance, et vous achevez votre vie dans l'immobilité et la
méditation. — Cela vous convient, je le veux[4], mais ce que je ne
veux pas, c'est que, dans ma maison, vous veniez, en public,
autoriser mes inférieurs à l'insolence.

LE QUAKER. — Eh! que te fait, je te prie, leur insolence? Le bêlement de 120
tes moutons t'a-t-il jamais empêché de les tondre et de les manger?
— Y a-t-il un seul de ces hommes dont tu ne puisses vendre le
lit? Y a-t-il dans le bourg de Norton une seule famille qui n'envoie
ses petits garçons et ses filles tousser et pâlir en travaillant tes
laines[5]? Quelle maison ne t'appartient pas et n'est chèrement   125
louée par toi? Quelle minute de leur existence ne t'est pas donnée?
Quelle goutte de sueur ne te rapporte un shelling? La terre de
Norton, avec les maisons et les familles, est portée dans ta main
comme le globe dans la main de Charlemagne. — Tu es le baron
absolu de ta fabrique féodale.   130

JOHN BELL. — C'est vrai, mais c'est juste. — La terre est à moi,
parce que je l'ai achetée; les maisons, parce que je les ai bâties;

---

1. Trait d'humour. Le quaker voit, dans la tirade de John Bell, un morceau d'éloquence
vaine, de cette éloquence parlementaire que Vigny fustigera plus tard dans un poème des
Destinées : « Les Oracles ». — 2. Homme d'action, John Bell n'est pas accoutumé aux paroles
qui « frappent ». Mais celles du quaker le blessent; car elles expriment la vérité, sans concessions
et sans ménagements. — 3. Maigre. — 4. Je l'admets. — 5. Cf. l'ouvrage d'Haussez, cité
p. 63 (*John Bell « baron absolu »*), et qui rapportait le rude sort des enfants anglais. Noter
qu'une loi venait d'instituer pour eux la journée de huit heures.

les habitants, parce que je les loge [1] ; et leur travail, parce que je
le paye. Je suis juste selon la loi [2].

LE QUAKER. — Et ta loi, est-elle juste selon Dieu ? 135

---

[1]. Comparer avec la formule de Bertolt Brecht (*Le Cercle de craie caucasien*) : « Toute chose
appartient à qui la rend meilleure ». — [2]. C'est ainsi que le quaker le désignait déjà précédemment (l. 68). Il semble que la *loi* soit, pour lui, une sorte d'alibi permanent.

● **John Bell « baron absolu »** — La définition formulée par le quaker
(l. 129-30) condense de manière particulièrement frappante des idées déjà
exprimées à l'époque, — souvent sous la plume de légitimistes :

Ainsi D'HAUSSEZ, qui fut ministre sous la Restauration, parle de cette
féodalité qui asservit des milliers d'individus, les condamne à un travail exorbitant,
s'empare des femmes et des enfants [...], en exige un travail disproportionné avec
leurs forces et le salaire mesquin qu'elle leur accorde, et, maîtresse absolue de
cette population [...] la livre à des privations contre lesquelles aucune ressource n'a
été préparée [...]. Cette féodalité, c'est la puissance industrielle. (*Op. cit.*, II, p. 87
et suiv.)

Ainsi VILLENEUVE-BARGEMONT, ancien préfet de Charles X :

La population ouvrière, vouée à la misère, à la subjection et à la dégradation
morale, vit dépendre son existence du bon plaisir ou de l'intérêt de ces nouveaux
bannerets [...]. Nous avons vu apparaître cette nouvelle féodalité toute bardée
d'or, de vanité et d'importance. (*Économie politique chrétienne*, I, p. 386-7).

Il faut certes faire la part, chez ces auteurs, de la rancœur à l'égard du
nouveau régime. Mais l'analyse demeure assez pertinente pour que
Vigny y souscrive (encore qu'il n'ait sans doute pas lu l'ouvrage de
Villeneuve-Bargemont, paru alors qu'il écrivait *Chatterton*). Ne le cons-
tate-t-il pas lui-même ?

La bourgeoisie est maîtresse de la France et la possède en largeur, en longueur,
en profondeur. Elle tient [...] les capitaux qu'elle fait circuler et multiplier par les
ouvriers de ses fabriques, de ses usines, de ses chemins de fer (*Mémoires inédits*,
p. 74-5).

Vigny stigmatisant John Bell par la bouche du quaker, c'est le noble
déchu apostrophant le bourgeois enrichi.

● **John Bell face au quaker** ou le *juste selon la loi* face au « juste selon
Dieu », — du moins selon une morale qui concilierait justice et charité.
La distinction qu'opère le quaker (l. 135) rappelle — on l'a souvent
noté — celle qu'Antigone, dans la tragédie de Sophocle, lance à la face
de Créon, opposant aux lois écrites qu'il invoque les « lois non écrites »
de la conscience et du devoir. En réalité, sous une forme un peu schéma-
tique, ce sont deux conceptions de l'existence et des rapports humains
qui s'affrontent ici.

① Lesquelles ?

② Dans quel sens peut-on dire que cette opposition préfigure celle que
Vigny nous présentera à l'acte III, quand il dressera face à face le Lord-
Maire et Chatterton ?

③ Vous illustrerez cette formule de Pierre Flottes (*La Pensée politique
et sociale de Vigny*, p. 137) : « Dans John Bell, Vigny a voulu peindre à
la fois la grossièreté de l'homme du peuple, l'insolence du parvenu et la
dureté du bourgeois. C'est une satire tracée par un gentilhomme voisin
du socialisme. »

JOHN BELL. — Si vous n'étiez pas quaker, vous seriez pendu pour parler ainsi.

LE QUAKER. — Je me pendrais moi-même plutôt que de parler autrement, car j'ai pour toi une amitié véritable.

JOHN BELL. — S'il n'était vrai, docteur, que vous êtes mon ami depuis [140] vingt ans et que vous avez sauvé un de mes enfants [1], je ne vous reverrais jamais.

LE QUAKER. — Tant pis, car je ne te sauverais plus toi-même, quand tu es plus aveuglé par la folie jalouse des spéculateurs que les enfants par la faiblesse de leur âge. — Je désire que tu ne chasses [145] pas ce malheureux ouvrier. — Je ne te le demande pas, parce que je n'ai jamais rien demandé à personne [2], mais je te le conseille.

JOHN BELL. — Ce qui est fait est fait [3]. — Que n'agissent-ils tous comme moi! — Que tout travaille et serve dans leur famille. — Ne fais-je pas travailler ma femme, moi? — Jamais on ne la voit, [150] mais elle est ici tout le jour; et, tout en baissant les yeux, elle s'en sert pour travailler beaucoup. — Malgré mes ateliers et fabriques aux environs de Londres, je veux qu'elle continue à diriger du fond de ses appartements cette maison de plaisance, où viennent les lords, au retour du parlement [4], de la chasse [5] ou de Hyde-Park [6]. [155] Cela me fait de bonnes relations que j'utilise plus tard. — Tobie était un ouvrier habile, mais sans prévoyance. — Un calculateur véritable ne laisse rien subsister d'inutile autour de lui. — Tout doit rapporter, les choses animées et inanimées. — La terre est féconde, l'argent est aussi fertile, et le temps rapporte l'argent [7]. [160] — Or les femmes ont des années comme nous; donc, c'est perdre un bon revenu que de laisser passer ce temps sans emploi. — Tobie a laissé sa femme et ses filles dans la paresse [8]; c'est un malheur très grand pour lui, je n'en suis pas responsable.

LE QUAKER. — Il s'est rompu le bras dans une de tes machines. [165]

JOHN BELL. — Oui, et même il a rompu la machine [9].

LE QUAKER. — Et je suis sûr que dans ton cœur tu regrettes plus le ressort de fer que le ressort de chair et de sang : va, ton cœur est d'acier comme tes mécaniques. — La société deviendra comme ton cœur, elle aura pour dieu un lingot d'or et pour souverain [170]

---

1. Allusion destinée à expliquer la présence du quaker chez John Bell. — 2. Commenter cette attitude. — 3. Noter la rudesse de la réponse. — 4. C'était ce qui se passait dans *Stello*, où Kitty Bell était établie « marchande de gâteaux près du Parlement [...]. Quelquefois, en sortant, les membres des deux Chambres descendaient de cheval à sa porte et venaient manger des *buns* et des *mince-pies* » (chap. 14). — 5. Cela se produira à l'acte III. — 6. Célèbre parc londonien. — 7. Cf. le proverbe anglais : *Time is money*. — 8. Parce qu'elles ne font pas un travail productif! — 9. Réponse cynique, et aussi « mot de théâtre ».

pontife[1] un usurier juif. — Mais ce n'est pas ta faute, tu agis
fort bien selon ce que tu as trouvé autour de toi en venant sur la
terre : je ne t'en veux pas du tout, tu as été conséquent, c'est une
qualité rare[2]. — Seulement, si tu ne veux pas me laisser parler,
laisse-moi lire[3]. (*Il reprend son livre, et se retourne dans son* [175]
fauteuil.)

JOHN BELL, *ouvrant la porte de sa femme avec force.* — Mistress Bell !
venez ici.

Scène III. — LES MÊMES, KITTY BELL.

KITTY BELL, *avec effroi, tenant ses enfants par la main. Ils se cachent
dans la robe de leur mère par crainte de leur père.* — Me voici.   [180]

JOHN BELL. — Les comptes de la journée d'hier, s'il vous plaît ? —
Ce jeune homme qui loge là-haut n'a-t-il pas d'autre nom que Tom ?
ou Thomas ?... J'espère qu'il en sortira bientôt.

KITTY BELL *va prendre un registre sur une table, et le lui apporte.* — Il
n'a écrit que ce nom-là sur nos registres en louant cette petite [185]
chambre. — Voici mes comptes du jour avec ceux des derniers
mois.

JOHN BELL. *Il lit les comptes sur le registre.* — Catherine[4] ! vous n'êtes
plus aussi exacte. (*Il s'interrompt et la regarde en face avec un air de
défiance.*) Il veille toute la nuit, ce Tom ? — C'est bien étrange. — [190]
Il a l'air fort misérable. (*Revenant au registre, qu'il parcourt des
yeux.*) Vous n'êtes plus aussi exacte[5].

---

1. L'expression parut sacrilège à la censure impériale, qui fit supprimer toute la phrase lors
des représentations de 1857. — 2. Que penser du compliment ? — 3. Montrer le caractère mépri-
sant de cette phrase. — 4. John Bell en colère n'appelle pas sa femme par son diminutif. —
5. Que traduit la répétition de cette expression ?

● **L'usurier juif** — L'expression (l. 171) n'a pas été mise au hasard. Vigny, qui
avait écrit un *Shylock*, connaissait le *Gobseck* de Balzac, publié quatre ans
plus tôt, et où l'on pouvait lire :

« Si vous aviez vécu autant que moi, vous sauriez qu'il n'est qu'une seule chose
matérielle dont la valeur soit assez certaine pour qu'un homme s'en occupe. Cette
chose [...] c'est L'OR. L'or représente toutes les forces humaines. »

Et l'usurier ajoute :

« Toutes les passions humaines, agrandies par le jeu de vos intérêts sociaux, viennent
parader devant moi qui vis dans le calme [...]. En un mot, je possède le monde
sans fatigue, et le monde n'a pas la moindre prise sur moi » (éd. de la Pléiade,
t. II, p. 629-630).

① Indiquez le rapport existant entre les deux textes, en vous souvenant
qu'à cette époque-là le banquier Laffitte proclamait : « Le règne des
banquiers va commencer. »

KITTY BELL. — Mon Dieu! pour quelle raison me dire cela?

JOHN BELL. — Ne la soupçonnez-vous pas, mistress Bell?

KITTY BELL. — Serait-ce parce que les chiffres sont mal disposés? 195

JOHN BELL. — La plus sincère met de la finesse partout [1]. Ne pouvez-vous pas répondre droit et regarder en face?

KITTY BELL. — Mais enfin, que trouvez-vous là qui vous fâche?

JOHN BELL. — C'est ce que je ne trouve pas qui me fâche, et dont l'absence m'étonne... 200

KITTY BELL, *avec embarras.* — Mais il n'y a qu'à voir, je ne sais pas bien.

JOHN BELL. — Il manque là cinq ou six guinées [2]; à la première vue, j'en suis sûr.

KITTY BELL. — Voulez-vous m'expliquer comment? 205

JOHN BELL, *la prenant par le bras.* — Passez dans votre chambre, s'il vous plaît, vous serez moins distraite. — Les enfants sont désœuvrés, je n'aime pas cela, — Ma maison n'est plus si bien tenue [3]. Rachel est trop décolletée [4] : je n'aime pas du tout cela... (*Rachel court se jeter entre les jambes du quaker. John Bell poursuit* 210 *en s'adressant à Kitty Bell, qui est entrée dans sa chambre à coucher avant lui.*) Me voici, me voici; recommencez cette colonne et multipliez par sept. (*Il entre dans la chambre après Kitty Bell.*)

Scène IV. — LE QUAKER, RACHEL.

RACHEL . — J'ai peur!

LE QUAKER. — De frayeur en frayeur tu passeras ta vie d'esclave. 215 Peur de ton père, peur de ton mari un jour, jusqu'à la délivrance. (*Ici on voit Chatterton sortir de sa chambre et descendre lentement l'escalier. — Il s'arrête et regarde le vieillard et l'enfant.*) Joue, belle enfant, jusqu'à ce que tu sois femme; oublie jusque-là, et, après, oublie encore si tu peux. Joue toujours et ne réfléchis 220 jamais. Viens sur mon genou. — Là! — Tu pleures! tu caches ta tête dans ma poitrine. Regarde, regarde, voilà ton ami qui descend.

---

1. Expliquer cette réplique, et dire ce qui la justifie. — 2. *Guinée :* monnaie de compte, équivalent de 21 shillings. — 3. En quoi la colère porte-t-elle John Bell à l'exagération? — 4. Trace de puritanisme.

SCÈNE V. — LE QUAKER, RACHEL, CHATTERTON.

CHATTERTON, *après avoir embrassé Rachel, qui court au-devant de lui,* 225
donne la main au quaker. — Bonjour, mon sévère ami.

LE QUAKER. — Pas assez [1] comme ami et pas assez comme médecin.
Ton âme te ronge le corps. Tes mains sont brûlantes, et ton visage
est pâle. — Combien de temps espères-tu vivre ainsi?

CHATTERTON. — Le moins possible. — Mistress Bell n'est-elle pas
ici? 230

---

1. Que faut-il sous-entendre?

██

● **Le « pragmatisme » de John Bell**

① Étudiez la tirade dans laquelle il rejette les conseils du quaker (l. 148-
164). Relevez et examinez les expressions qui manifestent son souci
exclusif de l'utilité, dans tous les domaines.

● **Le « vautour qui écrase sa couvée »** (l. 63) — Nous ne connaissions jusqu'ici
que le comportement de John Bell envers ses ouvriers. Le voilà en
présence de sa femme et de ses enfants.

② Dans quelle mesure peut-on expliquer son attitude à l'égard de
Kitty (sc. 3) par la scène qui précède? S'il apparaît d'emblée comme
manquant de qualités de cœur, confirmant ainsi l'impression qu'il nous
avait donnée précédemment, ne révèle-t-il pas au moins une qualité
d'esprit? Laquelle?

③ En étudiant l'interrogatoire qu'il fait subir à sa femme, efforcez-vous
de caractériser le *ton* adopté. À quoi veut-il aboutir? Y parvient-il?
Pour quels motifs, de son côté, Kitty Bell se dérobe-t-elle?

● **Les sentences du quaker** — La scène 4 peut apparaître comme une scène
de transition, amenant l'entrée de Chatterton. Elle traduit cependant,
dans sa brièveté, une conception pessimiste de la condition féminine
que M. F. Germain (*L'Imagination d'Alfred de Vigny*, p. 470) rattache
aux idées du poète en faveur de l'émancipation de la femme (idées mises en
pratique par les « lionnes » : G. Sand, Louise Colet, Marie d'Agoult).
Notons seulement que la « victime » changera de camp après la trahison
de Marie Dorval, et que *la Colère de Samson* opposera la « bonté
d'homme » à la « ruse de femme ». Il semble pourtant que le caractère
dominateur de l'époux — et plus généralement de l'homme — préoccupe
assez fréquemment Vigny, comme l'indiquent plusieurs notes du
Journal d'un poète et, par exemple, celle-ci (1844) : « Après avoir bien
réfléchi sur la destinée des femmes dans tous les temps et chez toutes les
nations, j'ai fini par penser que tout homme devrait dire à chaque femme,
au lieu de Bonjour : — Pardon! car les plus forts ont fait la loi. »

④ Quel est le sentiment que manifestent les formules comme : *jusqu'à
la délivrance* (l. 216), *oublie encore si tu peux* (l. 220), *ne réfléchis jamais*
(l. 220)? Ces paroles sont-elles de nature à consoler l'enfant? À quel
moment Rachel a-t-elle chance d'être réellement réconfortée?

██

LE QUAKER. — Ta vie n'est-elle donc utile à personne?

CHATTERTON. — Au contraire, ma vie est de trop à tout le monde.

LE QUAKER. — Crois-tu fermement ce que tu dis?

CHATTERTON. — Aussi fermement que vous croyez à la charité chrétienne. (*Il sourit avec amertume.*) 235

LE QUAKER. — Quel âge as-tu donc? Ton cœur est pur et jeune comme celui de Rachel, et ton esprit expérimenté est vieux comme le mien.

CHATTERTON. — J'aurai demain dix-huit ans.

LE QUAKER. — Pauvre enfant [1]. 240

CHATTERTON. — Pauvre? oui. — Enfant? non... J'ai vécu mille ans!

LE QUAKER. — Ce ne serait pas assez pour savoir la moitié de ce qu'il y a de mal parmi les hommes. — Mais la science universelle [2], c'est l'infortune.

CHATTERTON. — Je suis donc bien savant!... Mais j'ai cru que mistress 245 Bell était ici. — Je viens d'écrire une lettre qui m'a bien coûté [3].

LE QUAKER. — Je crains que tu ne sois trop bon. Je t'ai bien dit de prendre garde à cela. Les hommes sont divisés en deux parts : martyrs et bourreaux. Tu seras toujours martyr de tous, comme la mère de cette enfant-là. 250

CHATTERTON, *avec un élan violent*. — La bonté d'un homme ne le rend victime que jusqu'où il le veut bien, et l'affranchissement est dans sa main [4].

LE QUAKER. — Qu'entends-tu par là?

CHATTERTON, *embrassant Rachel, dit de la voix la plus tendre*. — 255 Voulons-nous faire peur à cette enfant? et si près de l'oreille de sa mère.

LE QUAKER. — Sa mère a l'oreille frappée d'une voix moins douce que la tienne, elle n'entendrait pas. — Voilà trois fois qu'il la demande [5]! 260

CHATTERTON, *s'appuyant sur le fauteuil où le quaker est assis*. — Vous me grondez toujours; mais dites-moi seulement pourquoi on ne se laisserait pas aller à la pente de son caractère, dès qu'on est sûr de quitter la partie quand la lassitude viendra? Pour moi, j'ai résolu de ne me point masquer et d'être moi-même 265

---

1. Le mot revient constamment à propos de Chatterton et plus généralement, chez Vigny, à propos des faibles, des victimes. — 2. Répandue parmi tous les hommes. — 3. Il s'agit là de l'élément sur lequel repose toute l'action matérielle. Voir la *Dernière nuit de travail* (p. 48, l. 322-324) : « C'est l'histoire d'un homme qui a écrit une lettre le matin et qui attend la réponse jusqu'au soir; elle arrive, et le tue. » — 4. S'il est vrai que le poète n'est pas encore décidé au suicide, du moins il y songe. — 5. Le quaker est frappé de voir Chatterton ainsi obsédé par la pensée de Kitty Bell.

jusqu'à la fin, d'écouter, en tout, mon cœur dans ses épanche-
ments comme dans ses indignations, et de me résigner à bien
accomplir ma loi. A quoi bon feindre le rigorisme, quand on est
indulgent? On verrait un sourire de pitié sous ma sévérité factice,
et je ne saurais trouver un voile qui ne fût transparent. — On me [270]
trahit de tout côté, je le vois, et me laisse tromper par dédain de
moi-même, par ennui de prendre ma défense. J'envie quelques
hommes en voyant le plaisir qu'ils trouvent à triompher de moi
par des ruses grossières; je les vois de loin en ourdir les fils, et
je ne me baisserais pas pour en rompre un seul, tant je suis [275]
devenu indifférent à ma vie. Je suis d'ailleurs assez vengé par leur
abaissement, qui m'élève à mes yeux, et il me semble que la
Providence ne peut laisser aller longtemps les choses de la sorte.
N'avait-elle pas son but en me créant? Ai-je le droit de me raidir
contre elle pour réformer la nature? Est-ce à moi de démentir [280]
Dieu?

LE QUAKER. — En toi, la rêverie continuelle a tué l'action.

CHATTERTON. — Eh! qu'importe, si une heure de cette rêverie produit
plus d'œuvres que vingt jours de l'action des autres! Qui peut
juger entre eux et moi? N'y a-t-il pour l'homme que le travail du [285]
corps? et le labeur de la tête n'est-il pas digne de quelque pitié?
Eh! grand Dieu! la seule science de l'esprit, est-ce la science des
nombres? Pythagore [1] est-il le Dieu du monde? Dois-je dire à
l'inspiration ardente : « Ne viens pas, tu es inutile »?

LE QUAKER. — Elle t'a marqué au front de son caractère fatal. Je ne [290]
te blâme pas, mon enfant, mais je te pleure.

CHATTERTON. *Il s'assied.* — Bon quaker, dans votre société fraternelle
et spiritualiste [2], a-t-on pitié de ceux que tourmente la passion
de la pensée? Je le crois; je vous vois indulgent pour moi, sévère
pour tout le monde : cela me calme un peu. (*Ici Rachel va s'asseoir* [295]
sur les genoux de Chatterton.) En vérité, depuis trois mois, je suis
presque heureux ici : on n'y sait pas mon nom, on ne m'y parle pas
de moi, et je vois de beaux enfants sur mes genoux.

LE QUAKER. — Ami, je t'aime pour ton caractère sérieux. Tu serais
digne de nos assemblées religieuses, où l'on ne voit pas l'agitation [300]
des papistes [3], adorateurs d'images, où l'on n'entend pas les chants
puérils des protestants [4]. Je t'aime, parce que je devine que tout
le monde te hait [5]. Une âme contemplative est à charge à tous
les désœuvrés remuants qui couvrent la terre : l'imagination et le
recueillement sont deux maladies dont personne n'a pitié! [305]

---

1. Philosophe et mathématicien grec (vi[e] s. av. J.-C.). — 2. La secte des quakers. — 3. Terme
péjoratif par lequel leurs adversaires désignent les catholiques romains. — 4. Allusion aux
psaumes et cantiques que chantent notamment les Anglicans. — 5. Le poète est donc bien un
paria, comme l'explique Vigny dans *Dernière nuit de travail* (p. 41, l. 158-160).

— Tu ne sais seulement pas les noms des ennemis secrets qui rôdent autour de toi; mais j'en sais qui te haïssent d'autant plus qu'ils ne te connaissent pas.

CHATTERTON, *avec chaleur*. — Et cependant n'ai-je pas quelque droit à l'amour de mes frères, moi qui travaille pour eux nuit et jour; 310 moi qui cherche avec tant de fatigues, dans les ruines nationales, quelques fleurs de poésie dont je puisse extraire un parfum durable [1]; moi qui veux ajouter une perle de plus à la couronne d'Angleterre, et qui plonge dans tant de mers et de fleuves pour la chercher? (*Ici Rachel quitte Chatterton : elle va s'asseoir sur un* 315 *tabouret aux pieds du quaker, et regarde des gravures.*) Si vous saviez mes travaux!... J'ai fait de ma chambre la cellule d'un cloître; j'ai béni et sanctifié ma vie et ma pensée; j'ai raccourci ma vue, et j'ai éteint devant mes yeux les lumières de notre âge; j'ai fait mon cœur plus simple : je me suis appris le parler enfantin 320 du vieux temps; j'ai écrit, comme le roi Harold au duc Guillaume, en vers à demi saxons et francs [2]; et ensuite, cette muse du dixième siècle, cette muse religieuse, je l'ai placée dans une châsse comme une sainte. — Ils l'auraient brisée s'ils l'avaient crue faite de ma main : ils l'ont adorée comme l'œuvre d'un moine 325 qui n'a jamais existé, et que j'ai nommé Rowley.

LE QUAKER. — Oui, ils aiment assez à faire vivre les morts et mourir les vivants.

CHATTERTON. — Cependant on a su que ce livre était fait par moi. On ne pouvait plus le détruire, on l'a laissé vivre; mais il ne m'a 330 donné qu'un peu de bruit, et je ne puis faire d'autre métier que celui d'écrire. — J'ai tenté de me ployer à tout, sans y parvenir. — On m'a parlé de travaux exacts; je les ai abordés, sans pouvoir les accomplir. — Puissent les hommes pardonner à Dieu de m'avoir ainsi créé! — Est-ce excès de force, ou n'est-ce que faiblesse hon- 335 teuse? — Je n'en sais rien, mais jamais je ne pus enchaîner dans des canaux étroits et réguliers les débordements tumultueux de mon esprit, qui toujours inondait ses rives malgré moi. J'étais incapable de suivre les lentes opérations des calculs journaliers, j'y renonçai le premier. J'avouai mon esprit vaincu par le chiffre [3], 340 et j'eus dessein d'exploiter mon corps. — Hélas! mon ami! autre douleur! autre humiliation! — Ce corps, dévoré dès l'enfance par les ardeurs de mes veilles, est trop faible pour les rudes travaux

---

1. Le texte portait d'abord cette phrase, ensuite supprimée : « Les poètes n'ont pas plus d'aiguillon que les abeilles. » — 2. Le vrai Chatterton avait fait des emprunts hétéroclites et fantaisistes à des dictionnaires qui lui donnaient des exemples de mots archaïques (le dictionnaire de Bailey, notamment). — 3. On trouve des allusions du même genre dans *Dernière nuit de travail* (voir p. 42, l. 174-176) et dans *Stello*, où Chatterton écrit à Kitty Bell : « J'ai tenté leurs travaux exacts, et je n'ai pu les accomplir ».

de la mer ou de l'armée, trop faible même pour la moins fatigante industrie. (*Il se lève avec une agitation involontaire.*) Et d'ailleurs, 345 eussé-je les forces d'Hercule, je trouverais toujours entre moi et mon ouvrage l'ennemie fatale née avec moi, la fée malfaisante trouvée sans doute dans mon berceau, la distraction[1], la Poésie! — Elle se met partout; elle me donne et m'ôte tout; elle charme et détruit toute chose pour moi; elle m'a sauvé... elle 350 m'a perdu[2]!

LE QUAKER. — Et à présent, que fais-tu donc?

CHATTERTON. — Que sais-je?... J'écris. — Pourquoi? Je n'en sais rien... Parce qu'il le faut. (*Il tombe assis, et n'écoute plus la réponse du quaker. Il regarde Rachel et l'appelle près de lui.*) 355

---

1. Qui l'entraîne bien loin du monde des autres hommes. — 2. Noter les formules antithétiques.

■■■

● **Un premier dialogue** (1. 225-260) : **situation de Chatterton**
La première apparition du poète sur la scène nous propose d'entrée un portrait psychologique du personnage, réduit à l'essentiel grâce à quelques répliques significatives.

① En quoi les indications physiques données par le quaker (l. 227) nous renseignent-elles déjà sur la psychologie de Chatterton ?

② *Mistress Bell n'est-elle pas ici ?*; *ma vie est de trop à tout le monde* (l. 229 et 232) : quel est l'intérêt capital de ces deux répliques pour la « situation » psychologique du personnage? En quoi préfigurent-elles son comportement ultérieur, et même le développement de l'action?

③ *J'ai vécu mille ans* (l. 241). Montrez qu'à travers l'exagération de la formule s'exprime la nature profonde du « spleen ». Cf. le vers de Baudelaire, dans *les Fleurs du mal* (« Spleen ») : « J'ai plus de souvenirs que si j'avais *mille ans* », et le *Journal d'un poète* (1825) : « Ma vie a deux cents ans ». Cette lassitude peut apparaître d'ailleurs comme un des traits du romantisme « éternel »; dans le film de Michelangelo Antonioni, *la Nuit*, une jeune fille s'exprime ainsi : « J'ai vingt ans, — et beaucoup de mois. »

④ *L'affranchissement est dans sa main* (l. 252). Que nous révèlent ces mots sur la « philosophie » de Chatterton? Pourquoi les prononce-t-il sur le ton d'une vérité générale? Comment Vigny s'y prend-il pour nous faire sentir la conviction du poète?

● **Une transposition de « Stello »** — Deux idées importantes se font jour dans les l. 261-281 et 309-315, idées qui se trouvaient liées dans la bouche de Stello, se confiant au Docteur Noir (chap. 7) : « Je crois fermement en une vocation ineffable qui m'est donnée, et j'y crois à cause de la pitié sans bornes que m'inspirent les hommes, mes compagnons en misère, et aussi à cause du désir que je me sens de leur tendre la main et de les élever sans cesse par des paroles de commisération et d'amour.»

■■■

LE QUAKER. — La maladie est incurable!

CHATTERTON. — La mienne?

LE QUAKER. — Non, celle de l'humanité. — Selon ton cœur, tu prends en bienveillante pitié ceux qui te disent : « Sois un autre homme que celui que tu es »; moi, selon ma tête, je les ai en mépris parce qu'ils veulent dire : « Retire-toi de notre soleil; il n'y a pas de place pour toi. » Les guérira qui pourra. J'espère peu en moi [1], mais, du moins, je les poursuivrai.

CHATTERTON, *continuant de parler à Rachel, à qui il a parlé bas pendant la réponse du quaker.* — Et vous ne l'avez plus, votre Bible? Où est donc votre maman?

LE QUAKER, *se levant.* — Veux-tu sortir avec moi?

CHATTERTON, *à Rachel.* — Qu'avez-vous fait de la Bible, miss Rachel?

LE QUAKER. — N'entends-tu pas le maître qui gronde? Écoute.

JOHN BELL, *dans la coulisse.* — Je ne le veux pas. — Cela ne se peut pas ainsi. — Non, non, madame.

LE QUAKER, *à Chatterton, en prenant son chapeau et sa canne à la hâte.* — Tu as les yeux rouges, il faut prendre l'air. Viens, la fraîche matinée te guérira de ta nuit brûlante.

CHATTERTON, *regardant venir Kitty Bell.* — Certainement cette jeune femme est fort malheureuse.

LE QUAKER. — Cela ne regarde personne. Je voudrais que personne ne fût ici quand elle sortira. Donne la clef de ta chambre, donne. — Elle la trouvera tout à l'heure. Il y a des choses d'intérieur [2] qu'il ne faut pas avoir l'air d'apercevoir. — Sortons. — La voilà.

CHATTERTON. — Ah! comme elle pleure!... Vous avez raison... je ne pourrais pas voir cela... Sortons.

Scène VI

KITTY BELL *entre en pleurant, suivie de* JOHN BELL

KITTY BELL, *à Rachel, en la faisant entrer dans la chambre d'où elle sort.* — Allez avec votre frère, Rachel, et laissez-moi ici. (*A son mari.*) Je vous le demande mille fois, n'exigez pas que je vous dise pourquoi ce peu d'argent vous manque; six guinées, est-ce quelque chose pour vous? Considérez bien, monsieur, que j'aurais pu vous

---

1. Pour les guérir. — 2. De caractère privé, intime.

le cacher dix fois en altérant mes calculs. Mais je ne ferais pas un mensonge, même pour sauver mes enfants, et j'ai préféré vous demander la permission de garder le silence là-dessus, ne pouvant ni vous dire la vérité, ni mentir, sans faire une méchante action. ^{390}

JOHN BELL. — Depuis que le ministre [1] a mis votre main dans la mienne, vous ne m'avez pas résisté de cette manière.

KITTY BELL. — Il faut donc que le motif en soit sacré. ^{395}

JOHN BELL. — Ou coupable, madame.

KITTY BELL, *avec indignation.* — Vous ne le croyez pas!

JOHN BELL. — Peut-être!

KITTY BELL. — Ayez pitié de moi! vous me tuez par de telles scènes. (*Elle s'assied.*) ^{400}

JOHN BELL. — Bah! vous êtes plus forte que vous ne le croyez.

KITTY BELL. — Ah! n'y comptez pas trop... Au nom de nos pauvres enfants!

JOHN BELL. — Où je vois un mystère, je vois une faute.

KITTY BELL. — Et si vous n'y trouviez qu'une bonne action? quel ^{405} regret pour vous!

---

1. *Le ministre* du culte, le pasteur qui a célébré leur mariage.

● **Chatterton héros romantique**

① *En toi, la rêverie continuelle a tué l'action* (l. 282). Montrez que cette parole du quaker souligne la cause même du mal dont souffre le poète. Indiquez aussi en quoi elle peut s'appliquer à d'autres héros romantiques. Lesquels?

② Quelles sont les répliques qui traduisent (dès les l. 329-351) le romantisme «fatal» du personnage? En quoi sa définition de la poésie porte-t-elle la marque de son temps? de Vigny? du héros lui-même?

③ Quel est l'aspect du tempérament de Chatterton qui se manifeste dans sa dernière réplique?

● **L'action**

④ S'agit-il, dans la scène 5, d'une simple conversation? L'allusion à certains «objets» ne contribue-t-elle pas à poser des jalons? A quel moment? Que signifie la présence de Rachel tout au long de cette scène?

● **Encore «Stello»** — La lettre à Kitty Bell (*Stello*, chap. 15) use de termes parfois analogues à ceux que Vigny a mis dans la bouche du personnage de théâtre (les l. 316-326 sont presque intégralement reprises de *Stello*).

⑤ Comment justifiez-vous cette reprise? A quelle intention vous paraît-elle obéir?

JOHN BELL. — Si c'est une bonne action, pourquoi vous être cachée?

KITTY BELL. — Pourquoi, John Bell[1]? Parce que votre cœur s'est endurci, et que vous m'auriez empêchée d'agir selon le mien. Et cependant qui donne au pauvre prête au Seigneur[2]. 410

JOHN BELL. — Vous feriez mieux de prêter à intérêts sur de bons gages.

KITTY BELL. — Dieu vous pardonne vos sentiments et vos paroles!

JOHN BELL, *marchant dans la chambre à grands pas.* — Depuis quelque temps, vous lisez trop; je n'aime pas cette manie dans 415 une femme... Voulez-vous être une *bas bleu*[3]?

KITTY BELL. — Oh! mon ami, en viendrez-vous jusqu'à me dire des choses méchantes, parce que, pour la première fois, je ne vous obéis pas sans restrictions?... Je ne suis qu'une femme simple et faible; je ne sais rien que mes devoirs de chrétienne. 420

JOHN BELL. — Les savoir pour ne pas les remplir, c'est une profanation.

KITTY BELL. — Accordez-moi quelques semaines de silence seulement sur ces comptes, et le premier mot qui sortira de ma bouche sera le pardon que je vous demanderai pour avoir tardé à vous dire la 425 vérité. Le second sera le récit exact de ce que j'ai fait.

JOHN BELL. — Je désire que vous n'ayez rien à dissimuler.

KITTY BELL. — Dieu le sait! il n'y a pas une minute de ma vie dont le souvenir puisse me faire rougir.

JOHN BELL. — Et cependant jusqu'ici vous ne m'avez rien caché. 430

KITTY BELL. — Souvent la terreur nous apprend à mentir.

JOHN BELL. — Vous savez donc faire un mensonge?

KITTY BELL. — Si je le savais, vous prierais-je de ne pas m'interroger? — Vous êtes un juge impitoyable.

JOHN BELL. — Impitoyable! vous me rendrez compte de cet argent. 435

KITTY BELL. — Eh bien, je vous demande jusqu'à demain pour cela.

JOHN BELL. — Soit; jusqu'à demain je n'en parlerai plus.

---

1. Le ton de la jeune femme se durcit en face de l'obstination hargneuse de son mari. Celui-ci avait d'ailleurs donné l'exemple en appelant Kitty *madame* (l. 396). — 2. Citation biblique (*Proverbes*, XIX, 17). — 3. L'expression désigne une femme qui se mêle d'écrire. L'expression, alors très en vogue, est d'origine anglaise. Les *blue-stockings* étaient les familiers du salon, du *club* de Mrs. Montagu, dont l'un des hôtes se singularisait par le port de bas bleus.

KITTY BELL, *lui baisant la main*. — Ah! je vous retrouve [1]. — Vous êtes bon. — Soyez-le toujours.

JOHN BELL. — C'est bien! c'est bien [2]! songez à demain. (*Il sort.*)　　440

KITTY BELL, *seule*. — Pourquoi, lorsque j'ai touché la main de mon mari, me suis-je reproché d'avoir gardé ce livre [3]? — La conscience ne peut pas avoir tort. (*Elle rêve.*) Je le rendrai. (*Elle sort à pas lents.*)

---

1. Je vous reconnais. — 2. Qu'expriment ces paroles hâtives? — 3. La Bible.

■■

● **L'insistance de John Bell**

① Comment l'expliquez-vous? Quelle est la réplique qui nous éclaire sur son attitude?

② La poursuite de cette querelle se légitime-t-elle sur le plan dramatique? Quel est le lien qui l'unit à l'intrigue principale? Montrez en quoi consiste ici l'habileté de Vigny.

● **La première épreuve de Kitty Bell**

③ *Pour la première fois, je ne vous obéis pas sans restrictions* (l. 418). Relevez ce qui, dans l'attitude de la jeune femme, nous révèle le caractère exceptionnel de sa résistance à son mari.

④ Analysez les raisons qui la portent à se conduire ainsi. Que pensez-vous du motif qu'elle allègue en commençant et dont elle dit qu'il est *sacré* (l. 395)?

⑤ Force et faiblesse de Kitty Bell dans cette scène.

⑥ *Je ne sais rien que mes devoirs de chrétienne* (l. 420); *La conscience ne peut pas avoir tort* (l. 442).
En tenant compte de ces deux formules ainsi que de la réplique initiale, que pouvons-nous préjuger de l'attitude qu'observera par la suite Kitty Bell à l'égard de Chatterton? Ne peut-on déjà trouver ici, en particulier, l'explication de son comportement à l'heure du dénouement?

⑦ A quels signes peut-on déceler « les premiers troubles de l'amour » (F. Ségu) chez la jeune femme? Étudiez de près la « sortie » de Kitty Bell.

⑧ Mise à l'épreuve moralement — et résistant victorieusement — elle l'est aussi physiquement. Montrez-le et indiquez l'intérêt que cela présente pour l'action.

■■

Chatterton, par la troupe du jeune théâtre national de Strasbourg.
Théâtre Récamier, 1977.
Arlette Chosson, Hubert Gignoux, Didier Sauvegrain
et Jean-Louis Hourdin.

ACTE II

Même décoration

Scène première. — LE QUAKER, CHATTERTON.

CHATTERTON *entre vite et comme en se sauvant.* — Enfin, nous voilà au 445 port!

LE QUAKER. — Ami, est-ce un accès de folie qui t'a pris?

CHATTERTON. — Je sais très bien ce que je fais.

LE QUAKER. — Mais pourquoi rentrer ainsi tout à coup?

CHATTERTON, *agité.* — Croyez-vous qu'il m'ait vu? 450

LE QUAKER. — Il n'a pas détourné son cheval, et je ne l'ai pas vu tourner la tête une fois. Ses deux grooms [1] l'ont suivi au grand trot. Mais pourquoi l'éviter, ce jeune homme?

CHATTERTON. — Vous êtes sûr qu'il ne m'a pas reconnu?

LE QUAKER. — Si le serment n'était un usage impie, je pourrais le jurer. 455

CHATTERTON. — Je respire. — C'est que vous savez bien qu'il est de mes amis. C'est lord Talbot.

LE QUAKER. — Eh bien, qu'importe? un ami n'est guère plus méchant qu'un autre homme [2].

CHATTERTON, *marchant à grands pas, avec humeur* [3]. — Il ne pouvait 460 rien m'arriver de pis que de le voir. Mon asile était violé, ma paix troublée, mon nom était connu ici.

LE QUAKER. — Le grand malheur!

CHATTERTON. — Le savez-vous, mon nom, pour en juger?

LE QUAKER. — Il y a quelque chose de bien puéril dans ta crainte. 465 Tu n'es que sauvage, et tu seras pris pour un criminel si tu continues.

CHATTERTON. — Ô mon Dieu, pourquoi suis-je sorti avec vous? Je suis certain qu'il m'a vu.

LE QUAKER. — Je l'ai souvent vu venir ici après ses parties de 470 chasse.

---

1. Mot anglais désignant à l'origine un palefrenier, puis un valet dont on se fait suivre à cheval, comme c'est le cas ici. — 2. Noter l'amertume — et le paradoxe : quel fond de vérité contient-il? — 3. Au sens de : mauvaise *humeur*, irritation.

CHATTERTON. — Lui?

LE QUAKER. — Oui, lui, avec de jeunes lords de ses amis.

CHATTERTON. — Il est écrit que je ne pourrai poser ma tête nulle part. Toujours des amis! 475

LE QUAKER. — Il faut être bien malheureux pour en venir à dire cela.

CHATTERTON, *avec humeur.* — Vous n'avez jamais marché aussi lentement qu'aujourd'hui.

LE QUAKER. — Prends-toi à moi de ton désespoir. Pauvre enfant! rien n'a pu t'occuper dans cette promenade. La nature est morte 480 devant tes yeux.

CHATTERTON. — Croyez-vous que mistress Bell soit très pieuse? Il me semble lui avoir vu une Bible dans les mains.

LE QUAKER, *brusquement.* — Je n'ai point vu cela. C'est une femme qui aime ses devoirs et qui craint Dieu. Mais je n'ai pas vu 485 qu'elle eût aucun livre dans les mains. (*A part.*) Où va-t-il se prendre! à quoi ose-t-il penser! J'aime mieux qu'il se noie que de s'attacher à cette branche… (*Haut.*) C'est une jeune femme très froide, qui n'est émue que pour ses enfants, quand ils sont malades [1]. Je la connais depuis sa naissance. 490

CHATTERTON. — Je gagerais [2] cent livres sterling que cette rencontre de lord Talbot me portera malheur.

LE QUAKER. — Comment serait-ce possible?

CHATTERTON. — Je ne sais comment cela se fera, mais vous verrez si cela manque [3]. — Si cette jeune femme aimait un homme, 495 il ferait mieux de se faire sauter la cervelle que de la séduire. Ce serait affreux, n'est-ce pas?

LE QUAKER. — N'y aura-t-il jamais une de tes idées qui ne tourne au désespoir?

CHATTERTON. — Je sens autour de moi quelque malheur inévitable. 500 J'y suis tout accoutumé. Je ne résiste plus. Vous verrez cela : c'est un curieux spectacle. — Je me reposais ici, mais mon ennemie ne m'y laissera pas.

LE QUAKER. — Quelle ennemie?

CHATTERTON. — Nommez-la comme vous voudrez : la Fortune, la 505 Destinée; que sais-je, moi?

LE QUAKER. — Tu t'écartes de la religion.

CHATTERTON *va à lui et lui prend la main.* — Vous avez peur que je ne fasse du mal ici? — Ne craignez rien. Je suis inoffensif comme

---

1. Portée de cette indication? — 2. Je parierais. — 3. Si cela ne se produit pas.

les enfants. Docteur, vous avez vu quelquefois des pestiférés [510]
ou des lépreux? Votre premier désir était de les écarter de
l'habitation des hommes. — Écartez-moi, repoussez-moi, ou
bien laissez-moi seul; je me séparerai [1] moi-même plutôt que
de donner à personne la contagion de mon infortune. (*Cris et coups
de fouets d'une partie de chasse finie.*) Tenez, voilà comme on [515]
dépiste le sanglier solitaire [2]!

---

1. Je m'écarterai. — 2. Image qui a pu être suggérée à Vigny par ses souvenirs de chasseur
passionné (cf. *la Mort du loup*).

■■■

● **Une technique dramatique très souple** — Au premier acte, c'était la
présence de John Bell qui pesait sur les autres personnages avant qu'il
ne parût. Ici, Lord Talbot et ses amis s'annoncent d'abord par l'affolement
de Chatterton et les craintes qu'il manifeste, puis par les *cris et coups
de fouets d'une partie de chasse finie* (l. 514).

① Montrez l'intérêt dramatique d'un tel procédé dans une pièce où
l'action est volontairement réduite à peu de chose.

● **Le quaker, « médecin des âmes »,** joue un peu, dans cette scène, le rôle
d'un confident de tragédie.

② En examinant les répliques du vieillard, indiquez comment il s'adapte
aux états d'esprit successifs de Chatterton : *a)* en le rabrouant parfois
avec humour; *b)* en s'employant à le détourner de ses idées désespérées;
c) en se refusant à le laisser dévoiler son amour pour Kitty Bell.

● **Chatterton héros romantique** — Par certains côtés il se rattache à ce type
traditionnel. Héros de théâtre romantique d'abord, tel que Hernani
en avait fixé l'image. Comment ne pas rapprocher la dernière réplique
de Chatterton (*je me séparerai moi-même plutôt que de donner à personne
la contagion de mon infortune,* l. 513-14.) du vers fameux :

> *Oh! je porte malheur à tout ce qui m'entoure!*
>
> (*Hernani*, III, 4, v. 974)

Héros byronien aussi; cependant, cette solitude farouche que recherche
Chatterton ne peut suffire à l'assimiler à un Lara, par exemple.

● **Chatterton amoureux** — Voilà qui complète son romantisme, d'autant
que l'amour qu'il éprouve est, à l'image de celui d'un Saint-Preux
ou d'un Werther, un amour interdit, et même à peine avouable.

③ C'est par des expressions détournées, des allusions, que le jeune homme
trahit son obsession amoureuse. Lesquelles?

● **« Je sens autour de moi quelque malheur inévitable »** (l. 500) — Encore
un aspect de son romantisme, sans doute (surtout quand il ajoute que la
Fortune est son *ennemie,* l. 502); mais surtout tragique prémonition, qui
tient en alerte le spectateur au moment où les jeunes lords vont faire
leur entrée.

■■■

Scène II. — CHATTERTON, LE QUAKER, JOHN BELL, KITTY BELL.

JOHN BELL, *à sa femme.* — Vous avez mal fait, Kitty, de ne pas me dire que c'était un personnage de considération [1]. (*Un domestique apporte un thé.*)

KITTY BELL. — En est-il ainsi? En vérité je ne le savais pas. 520

JOHN BELL. — De très grande considération. Lord Talbot m'a fait dire que c'était son ami, et un homme distingué qui ne veut pas être connu.

KITTY BELL. — Hélas! il n'est donc plus malheureux? — J'en suis bien aise. Mais je ne lui parlerai pas, je m'en vais. 525

JOHN BELL. — Restez, restez. Invitez-le à prendre le thé avec le docteur en famille; cela fera plaisir à lord Talbot. (*Il va s'asseoir à droite, près de la table à thé.*)

LE QUAKER, *à Chatterton, qui fait un mouvement pour se retirer chez lui.* — Non, non, ne t'en va pas, on parle de toi. 530

KITTY BELL, *au quaker.* — Mon ami, voulez-vous avoir la bonté de lui demander s'il veut déjeuner avec mon mari et mes enfants?

LE QUAKER. — Vous avez tort de l'inviter, il ne peut pas souffrir les invitations.

KITTY BELL. — Mais c'est mon mari qui le veut. 535

LE QUAKER. — Sa volonté est souveraine. (*A Chatterton.*) Madame invite son hôte à déjeuner et désire qu'il prenne le thé en famille ce matin... (*Bas.*) Il ne faut pas accepter; c'est par ordre de son mari qu'elle fait cette démarche; mais cela lui déplaît.

JOHN BELL, *assis, lisant le journal, s'adresse à Kitty.* — L'a-t-on invité? 540

KITTY BELL. — Le docteur lui en parle.

CHATTERTON, *au quaker.* — Je suis forcé de me retirer chez moi.

LE QUAKER, *à Kitty.* — Il est forcé de se retirer chez lui.

KITTY BELL, *à John Bell.* — Monsieur est forcé de se retirer chez lui.

JOHN BELL. — C'est de l'orgueil : il croit nous honorer trop. (*Il tourne le dos et se remet à lire.*) 545

---

1. Digne de considération, important.

CHATTERTON, *au quaker.* — Je n'aurais pas accepté : c'était par pitié qu'on m'invitait. (*Il va vers sa chambre, le quaker le suit et le retient. Ici un domestique amène les enfants et les fait asseoir à table. Le quaker s'assied au fond, Kitty Bell à droite, John Bell à gauche,* 550 *tournant le dos à la chambre, les enfants près de leur mère* [1].)

_____

[1]. Les indications très précises qui terminent la scène préparent la mise en place des personnages en vue de la grande scène qui va suivre.

■■■

● **Chatterton forcé dans ses retranchements** — Voilà donc le jeune homme découvert, et reconnu.

① Quel est l'intérêt de cette péripétie pour le déroulement de l'action ?

② Commentez les réactions qu'elle suscite chez John Bell; chez Kitty Bell; chez Chatterton lui-même. En quoi sont-elles révélatrices du caractère de chacun ?

● **L'exclamation de Kitty Bell** (l. 524), *Hélas! il n'est donc plus malheureux ?* est à rapprocher de celle qu'elle laisse échapper au premier acte (sc. 1, l. 23) : *Il pleurait!* Nous savons maintenant sur quoi se fonde l'inclination qui porte la jeune femme vers le poète : c'est la pitié qui la faisait s'intéresser spontanément à son pensionnaire, tant qu'elle le croyait obscur et malheureux. Ainsi Eloa, ange attiré vers Satan dans un élan de compassion :

> *Son premier mouvement ne fut pas de frémir*
> *Mais plutôt d'approcher comme pour secourir.*

(Chant I.)

● **Le rôle du quaker** : il s'emploie à éviter la rencontre que John Bell veut provoquer.

③ Pourquoi ?

④ Cette scène, si elle ne se déroulait pas dans une atmosphère de trouble, pourrait faire penser à certaines scènes du théâtre comique. Par suite de quel procédé ?

Mais au moment où le spectateur pourrait être tenté de sourire, Vigny introduit les deux répliques finales.

⑤ Montrez que John Bell et Chatterton se méprennent mutuellement sur les mobiles de leur attitude. Essayez d'expliquer ce double malentendu par ce que vous savez du caractère des deux personnages.

● **Une scène de drame bourgeois** — On apporte le thé, et John Bell lit le journal. On se sent plus près, ici, du théâtre du XVIIIe s. que des drames de Hugo.

⑥ « Que le sujet en soit important; et l'intrigue, simple, domestique et voisine de la vie réelle » : ainsi Diderot définissait-il le « genre sérieux » en 1757 (*Entretiens avec Dorval*). Dans quelle mesure — d'après cette scène, et d'autres que vous découvrirez — *Chatterton* vous paraît-il participer de ce genre dramatique ?

■■■

SCÈNE III. — LES MÊMES, LORD TALBOT, LORD LAUDERDALE, LORD KINGSTON *et* TROIS JEUNES LORDS, *en habits de chasse.*

LORD TALBOT, *un peu ivre.* — Où est-il? où est-il? Le voilà, mon camarade! mon ami! Que diable fais-tu ici? Tu nous as quittés? Tu ne veux plus de nous? C'est donc fini? Parce que tu es illustre à présent, tu nous dédaignes. Moi, je n'ai rien appris de bon à Oxford [1], si ce n'est à boxer, j'en conviens; mais cela ne m'empêche pas d'être ton ami. — Messieurs, voilà mon bon ami... 555

CHATTERTON, *voulant l'interrompre.* — Milord...

LORD TALBOT. — Mon ami Chatterton [2].

CHATTERTON, *sérieusement, lui pressant la main.* — George, George! toujours indiscret! 560

LORD TALBOT. — Est-ce que cela te fait de la peine? — L'auteur des poèmes qui font tant de bruit! le voilà! Messieurs, j'ai été à l'Université avec lui. — Ma foi, je ne me serais pas douté de ce talent-là. Ah! le sournois, comme il m'a attrapé! — Mon cher, voilà lord 565 Lauderdale et lord Kingston, qui savent par cœur ton poème d'*Harold.* Ah! si tu veux souper avec nous, tu seras content d'eux, sur mon honneur. Ils disent les vers comme Garrick [3]. — La chasse au renard ne t'amuse pas; sans cela je t'aurais prêté Rébecca, que ton père m'a vendue [4]. Mais tu sais que nous venons tous souper 570 ici après la chasse. Ainsi, à ce soir. Ah! par Dieu! nous nous amuserons. — Mais tu es en deuil! Ah! diable!

CHATTERTON, *avec tristesse.* — Oui, de mon père [5].

LORD TALBOT. — Ah! il était bien vieux aussi. Que veux-tu! te voilà héritier. 575

CHATTERTON, *amèrement.* — Oui. De tout ce qui lui restait [6].

LORD TALBOT. — Ma foi, si tu dépenses aussi noblement ton argent qu'à Oxford, cela te fera honneur; cependant tu étais déjà bien sauvage. Eh bien, je deviens comme toi à présent, en vérité. J'ai le spleen [7], mais ce n'est que pour une heure ou deux. — Ah! 580 mistress Bell, vous êtes une puritaine [7]. Touchez là, vous ne

---

1. C'est pour la commodité du dialogue que Vigny présente les deux personnages comme des condisciples. En réalité, Thomas Chatterton avait fait ses études à Bristol. — 2. Voilà enfin prononcé le nom du poète. — 3. Acteur en renom, qui jouait surtout Shakespeare; mort en 1779, neuf ans après Chatterton. — 4. Vigny avait d'abord attribué au jeune homme lui-même la vente de la jument. — 5. Le père du vrai Chatterton mourut trois mois avant la naissance de son fils. — 6. Sens de cette réponse? — 7. Pour un jeune seigneur, c'était être à la mode que d'avoir le *spleen*, à condition que ce fût *pour une heure ou deux.* — 7. Les puritains étaient des presbytériens très attachés à la lettre de l'Écriture; par extension, le mot désigne ceux qui font preuve d'une extrême rigidité dans le domaine des mœurs.

m'avez pas donné la main aujourd'hui. Je dis que vous êtes une puritaine; sans cela, je vous aurais recommandé mon ami.

JOHN BELL. — Répondez donc à milord, Kitty! Milord, Votre Seigneurie sait comme elle est timide. (*A Kitty.*) Montrez de 585 bonnes dispositions pour son ami.

KITTY BELL. — Votre Seigneurie ne doit pas douter de l'intérêt que mon mari prend aux personnes qui veulent bien loger chez lui.

JOHN BELL. — Elle est si sauvage, milord, qu'elle ne lui a pas adressé la parole une fois, le croiriez-vous? pas une fois depuis 590 trois mois qu'il loge ici!

LORD TALBOT. — Oh! maître John Bell, c'est une timidité dont il faut la corriger. Ce n'est pas bien. Allons, Chatterton, que diable! corrige-la, toi aussi, corrige-la.

LE QUAKER, *sans se lever.* — Jeune homme, depuis cinq minutes que 595 tu es ici, tu n'as pas dit un mot qui ne fût de trop.

LORD TALBOT. — Qu'est-ce que c'est que ça? Quel est cet animal sauvage?

JOHN BELL. — Pardon, milord, c'est un quaker. (*Rires joyeux.*)

LORD TALBOT. — C'est vrai. Oh! quel bonheur, un quaker! (*Le lor-* 600 *gnant.*) Mes amis, c'est un gibier que nous n'avions pas fait lever encore. (*Éclats de rire des lords.*)

▄▄▄

● **L'entrée des jeunes lords** — En précisant que les jeunes gens sont *en habits de chasse*, Vigny recherche peut-être un effet de cette « couleur locale » chère aux romantiques; mais il semble qu'il ait surtout en vue un effet de contraste, d'abord visuel : voir *Caractères et costumes des rôles principaux*, p. 51. Notez à ce sujet la remarque de M. F. Germain (*op. cit.*, p. 131) qui distingue chez Vigny « deux registres colorés : l'un est foncièrement noir avec quelques taches rouges, l'autre est multicolore comme un parterre de fleurs ».

① Quel symbole ce contraste vous semble-t-il exprimer dans la pièce?

● **Le « mélange des genres »** — Encore un aspect des théories romantiques dont on a souvent vu ici l'application.

② Vigny atteint-il vraiment, dans cette scène, le « grotesque » et le « bouffon »? Les répliques des lords ne visent-elles pas, dans l'esprit de l'auteur, un but bien défini? Quelles réactions suscitent-elles chez Kitty Bell et Chatterton? Qu'en résultera-t-il pour le déroulement de l'action?

● **Lord Talbot**

→③ Notez les répliques qui révèlent : *a)* sa légèreté et son inconscience; *b)* son absence de méchanceté véritable.

▄▄▄

CHATTERTON *va vite à lord Talbot. A demi-voix.* — George, tout cela est bien léger; mon caractère ne s'y prête pas... Tu sais cela, souviens-toi de Primerose-Hill[1]!... J'aurai à te parler à ton retour de la chasse. 605

LORD TALBOT, *consterné.* — Ah! si tu veux jouer encore du pistolet... comme tu voudras! Mais je croyais t'avoir fait plaisir, moi. Est-ce que je t'ai affligé? Ma foi, nous avons bu un peu sec ce matin. — Qu'est-ce que j'ai donc dit, moi? J'ai voulu te mettre bien avec eux tous. Tu viens ici pour la petite femme [2], hein? J'ai vu ça, moi. 610

CHATTERTON. — Ciel et terre! Milord, pas un mot de plus.

LORD TALBOT. — Allons, il est de mauvaise humeur ce matin. Mistress Bell, ne lui donnez pas de thé vert[3]; il me tuerait ce soir, en vérité. 615

KITTY BELL, *à part.* — Mon Dieu, comme il me parle effrontément!

LORD LAUDERDALE *vient serrer la main de Chatterton.* — Pardieu! je suis bien aise de vous connaître; vos vers m'ont fort diverti.

CHATTERTON. — Diverti, milord[4]?

LORD LAUDERDALE. — Oui, vraiment, et je suis charmé de vous voir 620 installé ici; vous avez été plus adroit que Talbot, vous me ferez gagner mon pari.

LORD KINGSTON. — Oui, oui, il a beau jeter ses guinées chez le mari, il n'aura pas la petite Catherine, comment?... Kitty...

CHATTERTON. — Oui, milord, Kitty, c'est son nom en abrégé. 625

KITTY BELL, *à part.* — Encore! Ces jeunes gens me montrent au doigt, et devant lui!

LORD KINGSTON. — Je crois bien qu'elle aurait eu un faible pour lui; mais vous l'avez, ma foi, supplanté. Au surplus, George est un bon garçon et ne vous en voudra pas. — Vous me paraissez 630 souffrant.

CHATTERTON. — Surtout en ce moment, milord.

LORD TALBOT. — Assez, messieurs, assez; n'allez pas trop loin. (*Deux grooms entrent à la fois.*)

UN GROOM. — Les chevaux de milord sont prêts. 635

LORD TALBOT, *frappant sur l'épaule de John Bell.* — Mon bon John Bell, il n'y a de bons vins de France et d'Espagne que dans la maison de votre petite dévote de femme. Nous voulons les boire en rentrant, et tenez-moi pour un maladroit si je ne vous rapporte dix renards pour lui faire des fourrures. — Venez donc nous voir 640 partir. — Passez, Lauderdale, passez donc. A ce soir tous, si Rébecca ne me casse pas le col.

---

1. Où il se battit en duel avec Lord Talbot. — 2. Noter la vulgarité de la formule. — 3. Du thé non séché, par conséquent plus excitant que le thé ordinaire. — 4. Pourquoi Chatterton se montre-t-il surpris?

JOHN BELL. — Monsieur Chatterton, je suis vraiment heureux de faire connaissance avec vous. (*Il lui serre la main à lui casser l'épaule.*) Toute ma maison est à votre service. (*A Kitty, qui allait se retirer.*) ⁶⁴⁵ Mais, Catherine, causez donc un peu avec ce jeune homme. Il faut lui louer un appartement plus beau et plus cher ¹.

KITTY BELL. — Mes enfants m'attendent.

JOHN BELL. — Restez, restez; soyez polie; je le veux absolument.

CHATTERTON, *au quaker*. — Sortons d'ici. Voir sa dernière retraite ⁶⁵⁰ envahie, son unique repos troublé, sa douce obscurité trahie; voir pénétrer dans sa nuit de si grossières clartés! Ô supplice! — Sortons d'ici. — Vous l'avais-je dit ²?

JOHN BELL. — J'ai besoin de vous, docteur; laissez monsieur avec ma femme; je vous veux absolument, j'ai à vous parler. Je vous ⁶⁵⁵ raccommoderai avec Sa Seigneurie.

LE QUAKER. — Je ne sors pas d'ici. (*Tous sortent. Il reste assis au milieu de la scène. Kitty et Chatterton debout, les yeux baissés et interdits.*)

---

1. Un « mot » qui caractérise parfaitement John Bell. — 2. Ne *vous l'avais-je* pas *dit*? Mais l'expression interrogative simple est plus vigoureuse.

● **La mise à l'épreuve de deux âmes nobles et pudiques**

Chatterton : la brièveté et le ton de ses réponses nous frappent. On notera la différence entre les premières répliques, simplement tristes ou amères (il est seul mis en cause), et celles qu'il formule lorsque Talbot se fait insultant à l'égard du quaker d'abord, de Kitty Bell ensuite.

① Comment justifiez-vous la brutalité de l'expression (l. 612) : *Ciel et terre! Milord, pas un mot de plus* ?

② Étudiez sa dernière réplique. Analysez son lyrisme. Examinez le rythme de la phrase.

Kitty Bell se montre moins loquace encore que Chatterton, précisément parce qu'elle est au centre de la conversation. Avec beaucoup de sobriété et de justesse psychologique, Vigny nous fait comprendre la gêne et la souffrance qu'elle éprouve à entendre les mauvaises plaisanteries des jeunes gens.

③ Est-ce uniquement pour des motifs de convenance que les deux répliques essentielles de Kitty Bell sont formulées *à part* (l. 616 et l. 626) ? N'y a-t-il pas là un procédé destiné à nous faire entrer dans les pensées secrètes du personnage, un peu comme le ferait un « gros plan » de son visage, au cinéma ? Quels sont les sentiments qui sont ainsi traduits ?

● **Le quaker** intervient une seule fois dans la conversation.

④ A quel moment ? Pourquoi ? N'avez-vous pas rencontré, précédemment, d'autres passages où la même préoccupation le fait intervenir ?

Scène IV. — CHATTERTON, LE QUAKER, KITTY BELL.

LE QUAKER, *à Kitty Bell. Il prend la main gauche de Chatterton et met sa main sur le cœur de ce jeune homme.* — Les cœurs jeunes, simples et primitifs [1] ne savent pas encore étouffer les vives indignations que donne la vue des hommes. — Mon enfant, mon pauvre enfant, la solitude devient un amour bien dangereux. A vivre dans cette atmosphère, on ne peut plus supporter le moindre souffle étranger. La vie est une tempête, mon ami; il faut s'accoutumer à tenir la mer. — N'est-ce pas une pitié, mistress Bell, qu'à son âge il ait besoin du port [2]? Je vais vous laisser lui parler et le gronder [3]. 660 665

KITTY BELL, *troublée.* — Non, mon ami, restez, je vous prie. John Bell serait fâché de ne plus vous trouver. Et d'ailleurs ne tarde-t-il pas à monsieur de rejoindre ses amis d'enfance? Je suis surprise qu'il ne les ait pas suivis. 670

LE QUAKER. — Le bruit t'a importunée bien vivement, ma chère fille?

KITTY BELL. — Ah! leur bruit et leurs intentions! Monsieur n'est-il pas dans leurs secrets?

CHATTERTON, *à part.* — Elle les a entendus! elle est affligée! Ce n'est plus la même femme. 675

KITTY BELL, *au quaker, avec une émotion mal contenue.* — Je n'ai pas vécu encore assez solitaire, mon ami; je le sens bien.

LE QUAKER, *à Kitty Bell.* — Ne sois pas trop sensible à des folies.

KITTY BELL. — Voici un livre que j'ai trouvé dans les mains de ma fille. Demandez à monsieur s'il ne lui appartient pas. 680

CHATTERTON. — En effet, il était à moi; et, à présent, je serais bien aise qu'il revînt dans mes mains [4].

KITTY BELL, *à part.* — Il a l'air d'y attacher du prix. Ô mon Dieu! je n'oserai plus le rendre à présent, ni le garder. 685

LE QUAKER, *à part.* — Ah! la voilà bien embarrassée. (*Il met la Bible dans sa poche, après avoir examiné à droite et à gauche leur embarras [5]. A Chatterton.*) — Tais-toi, je t'en prie; elle est prête à pleurer.

KITTY BELL, *se remettant.* — Monsieur a des amis bien gais et sans doute aussi très bons. 690

---

1. Qui n'ont pas été corrompus par la civilisation. — 2. Le quaker, dans sa perspicacité, a bien senti l'inaptitude à vivre de Chatterton, dont l'âme est trop exigeante pour s'accommoder de la société des hommes. — 3. Comme un enfant qu'il est... — 4. Pourquoi? — 5. Jeu de scène qui pourrait prêter à rire et exige un doigté très sûr dans l'interprétation. Comment vous le représentez-vous?

LE QUAKER. — Ah! ne les lui reprochons point; il ne les cherchait pas.

KITTY BELL. — Je sais bien que monsieur Chatterton ne les attendait pas ici.

CHATTERTON. — La présence d'un ennemi mortel ne m'eût pas fait 695 tant de mal; croyez-le bien, madame.

KITTY BELL. — Ils ont l'air de connaître si bien monsieur Chatterton! et nous, nous le connaissons si peu!

LE QUAKER, *à demi-voix à Chatterton.* — Ah! les misérables! ils l'ont blessée au cœur. 700

CHATTERTON, *au quaker.* — Et moi, monsieur!

KITTY BELL. — Monsieur Chatterton sait leur conduite comme ils savent ses projets. Mais sa retraite ici, comment l'ont-ils inter- prétée?

LE QUAKER, *se levant.* — Que le Ciel confonde à jamais cette race de 705 sauterelles qui s'abat à travers champs, et qu'on appelle les hommes aimables! Voilà bien du mal en un moment.

CHATTERTON, *faisant asseoir le quaker.* — Au nom de Dieu! ne sortez pas que je ne sache ce qu'elle a contre moi. Cela me trouble affreusement[1]. 710

KITTY BELL. — Monsieur Bell m'a chargée d'offrir à monsieur Chatterton une chambre plus convenable.

CHATTERTON. — Ah! rien ne convient[2] mieux que la mienne à mes projets.

KITTY BELL. — Mais, quand on ne parle pas de ses projets, on peut 715 inspirer, à la longue, plus de crainte que l'on n'inspirait d'abord d'intérêt, et je...

CHATTERTON. — Et?...

KITTY BELL. — Il me semble...

LE QUAKER. — Que veux-tu dire? 720

KITTY BELL. — Que ces jeunes lords ont, en quelque sorte, le droit d'être surpris que leur ami les ait quittés pour cacher son nom et sa vie dans une famille aussi simple que la nôtre.

LE QUAKER, *à Chatterton.* — Rassure-toi, ami; elle veut dire que tu n'avais pas l'air, en arrivant, d'être le riche compagnon de ces 725 riches petits lords.

---

1. Cruellement. — 2. Vigny joue sur les mots *convenable* et *convient.*

CHATTERTON, *avec gravité*. — Si l'on m'avait demandé ici ma fortune, mon nom et l'histoire de ma vie, je n'y serais pas entré... Si quelqu'un me les demandait aujourd'hui, j'en sortirais.

LE QUAKER. — Un silence qui vient de l'orgueil peut être mal ⁷³⁰ compris [1], tu le vois.

CHATTERTON *va pour répondre, puis y renonce et s'écrie*. — Une torture de plus dans un martyre, qu'importe! (*Il se retire en fuyant.*)

KITTY BELL, *effrayée*. — Ah! mon Dieu! pourquoi s'est-il enfui de la sorte? Les premières paroles que je lui adresse lui causent du ⁷³⁵ chagrin!... mais en suis-je responsable aussi?... Pourquoi est-il venu ici?... je n'y comprends plus rien! je veux le savoir!... Toute ma famille est troublée pour lui et par lui! Que leur ai-je fait à tous? Pourquoi l'avez-vous amené ici et non ailleurs, vous? — Je n'aurais jamais dû me montrer, et je voudrais ne les avoir jamais ⁷⁴⁰ vus.

LE QUAKER, *avec impatience et chagrin*. — Mais c'était à moi seul qu'il fallait dire cela. Je ne m'offense ni ne me désole, moi. Mais à lui, quelle faute!

KITTY BELL. — Mais, mon ami, les avez-vous entendus, ces jeunes ⁷⁴⁵ gens? — Ô mon Dieu! comment se fait-il qu'ils aient la puissance de troubler ainsi une vie que le Sauveur même eût bénie? — Dites, vous qui êtes un homme, vous qui n'êtes point de ces méchants désœuvrés, vous qui êtes grave et bon, vous qui pensez qu'il y a une âme et un Dieu; dites, mon ami, comment donc doit ⁷⁵⁰ vivre une femme? Où donc faut-il se cacher? Je me taisais, je baissais les yeux, j'avais étendu sur moi la solitude comme un voile, et ils l'ont déchiré. Je me croyais ignorée, et j'étais connue comme une de leurs femmes [2]; respectée, et j'étais l'objet d'un pari. A quoi donc m'ont servi mes deux enfants, toujours à mes ⁷⁵⁵ côtés comme des anges gardiens? A quoi m'a servi la gravité de ma retraite? Quelle femme sera honorée, grand Dieu! si je n'ai pu l'être, et s'il suffit aux jeunes gens de la voir passer dans la rue pour s'emparer de son nom et s'en jouer comme d'une balle qu'ils se jettent l'un à l'autre! (*La voix lui manque. Elle pleure.*) Ô ⁷⁶⁰ mon ami, mon ami! obtenez qu'ils ne reviennent jamais dans ma maison.

LE QUAKER. — Qui donc?

KITTY BELL. — Mais eux... eux tous... tout le monde.

LE QUAKER. — Comment? ⁷⁶⁵

---

1. N'est-ce pas ainsi qu'on interprète souvent le silence que Vigny exalte tout au long de son œuvre, notamment dans le *Journal* et certains de ses poèmes (*La Mort du Loup*; *Le Mont des Oliviers*)? — 2. Les femmes qui partagent leurs plaisirs.

KITTY BELL. — Et lui aussi... oui, lui. (*Elle fond en larmes.*)

LE QUAKER. — Mais tu veux donc le tuer? Après tout, qu'a-t-il fait?

KITTY BELL, *avec agitation.* — Ô mon Dieu! moi, le tuer! — moi qui voudrais... Ô Seigneur, mon Dieu! vous que je prie sans cesse, vous savez si j'ai voulu le tuer! mais je vous parle et je ne sais si ⁷⁷⁰ vous m'entendez. Je vous ouvre mon cœur, et vous ne me dites pas que vous y lisez. — Et si votre regard y a lu, comment savoir si vous n'êtes pas mécontent! Ah! mon ami... j'ai là quelque chose que je voudrais dire... Ah! si mon père vivait encore! (*Elle prend la main du quaker.*) Oui, il y a des moments où je voudrais ⁷⁷⁵ être catholique, à cause de leur confession [1]. Enfin! ce n'est autre chose que la confidence; mais la confidence divinisée [2]... j'en aurais besoin!

---

1. Noter le raccourci grammatical. — 2. Vigny aime ce genre d'expression; cf. « diviniser la conscience » (*Journal*, 1836).

● **Une composition dramatique** — L'ouragan vient de passer. Deux êtres sont là, brisés. Le quaker va s'efforcer d'atténuer les effets de ce gâchis. Mais la délicatesse offensée de Kitty Bell va relancer l'action « intérieure » en mettant le comble au trouble de Chatterton. Cette péripétie apparaît dans la composition même de la scène.

① Quelles en sont les trois parties? Pourquoi le jeune homme s'absente-t-il (l. 733)? Quel est l'intérêt dramatique de ce départ?

● **Kitty Bell « blessée au cœur »** (l. 700) — Les propos équivoques des lords lui ont fait *bien du mal en un moment* (l. 707). Il est intéressant de suivre le processus qui la fait passer du simple trouble à l'*épouvante* (cf. début de la scène 5).

② On a parfois invoqué Marivaux à propos du dialogue entre les deux jeunes gens (l. 695 à 718). Essayez d'analyser ce qui, en effet, peut y donner l'impression d'un marivaudage triste et même douloureux. Indiquez le sens et la portée de la formule (l. 685) employée à propos du livre : *Je n'oserai plus le rendre à présent, ni le garder.*

③ Quels sont les sentiments de Kitty Bell dans le « couplet » qui suit le départ du poète (l. 734-741)? De quelle nature est la détresse qu'elle éprouve? Le ton et les termes mêmes de ses dernières phrases ne rappellent-ils pas certains passages du théâtre de Musset? Cf. la réponse de Marianne aux avances dont Octave se fait l'interprète : « Si je me rends, que dira-t-on de moi? N'est-ce pas une femme abjecte que celle qui obéit à point nommé, à l'heure convenue, à une pareille proposition? Ne va-t-on pas la déchirer à belles dents, la montrer du doigt, et faire de son nom le refrain d'une chanson à boire?... » (*Les Caprices de Marianne*, 1833, II, 1, éd. Bordas, l. 501-505).

LE QUAKER. — Ma fille, si ta conscience et la contemplation ne te soutiennent pas assez, que ne viens-tu donc à moi? [780]

KITTY BELL. — Eh bien, expliquez-moi le trouble où me jette ce jeune homme! les pleurs que m'arrache malgré moi sa vue, oui, sa seule vue!

LE QUAKER. — Ô femme! faible femme! au nom de Dieu, cache tes larmes, car le voilà. [785]

KITTY BELL. — Ô Dieu! son visage est renversé [1]!

CHATTERTON, *rentrant comme un fou, sans chapeau. Il traverse la chambre et marche en parlant, sans voir personne.* — ... Et d'ailleurs, et d'ailleurs, ils ne possèdent pas plus leurs richesses que je ne possède cette chambre. — Le monde n'est qu'un mot. — On peut [790] perdre ou gagner le monde sur parole, en un quart d'heure! Nous ne possédons tous que nos six pieds [2], c'est le vieux Will qui l'a dit [3]. Je vous rendrai votre chambre quand vous voudrez; j'en veux une encore plus petite. Pourtant je voulais encore attendre le succès [4] d'une certaine lettre. Mais n'en parlons plus. (*Il se jette* [795] *dans un fauteuil.*)

LE QUAKER *se lève et va à lui, lui prenant la tête. A demi-voix.* — Tais-toi, ami, tais-toi, arrête. — Calme, calme ta tête brûlante. Laisse passer en silence tes emportements, et n'épouvante pas cette jeune femme qui t'est étrangère. [800]

CHATTERTON, *se lève vivement sur le mot* étrangère, *et dit avec une ironie frémissante.* — Il n'y a personne sur la terre à présent qui ne me soit étranger. Devant tout le monde je dois saluer et me taire. Quand je parle, c'est une hardiesse bien inconvenante, et dont je dois demander humblement pardon... Je ne voulais qu'un peu [805] de repos dans cette maison, le temps d'achever de coudre l'une à l'autre quelques pages que je dois; à peu près comme un menuisier doit à l'ébéniste quelques planches péniblement passées au rabot. — Je suis ouvrier en livres, voilà tout. — Je n'ai pas besoin d'un plus grand atelier que le mien, et monsieur Bell est trop [810] attendri de l'amitié de lord Talbot pour moi. Lord Talbot, on peut l'aimer ici, cela se conçoit. — Mais son amitié pour moi, ce n'est rien. Cela repose sur une ancienne idée que je lui ôterai d'un mot; sur un vieux chiffre que je rayerai de sa tête [5], et que mon père a emporté dans le pli de son linceul; un chiffre assez consi- [815] dérable, ma foi, et qui me valait beaucoup de révérences et de

---

1. Bouleversé. — 2. Les *six pieds* de terre qui suffisent à une sépulture. — 3. C'est ainsi que les Anglais désignent familièrement William Shakespeare. La formule citée ne figure pas dans ses œuvres, mais traduit en tout cas une hantise qui s'exprime dans beaucoup de ses drames : celle de la fragilité de la condition humaine. — 4. Issue, résultat. — 5. La fortune (imaginaire) que l'auteur attribue au père de Chatterton. Le jeune homme semble penser que l'amitié de Talbot pour lui n'était fondée que sur la richesse : voir la fin de la phrase.

serrements de mains. — Mais tout cela est fini, je suis ouvrier en
livres. — Adieu, madame; adieu, monsieur. Ha! ha! — je perds
bien du temps! A l'ouvrage! à l'ouvrage! (*Il monte à grands pas
l'escalier de sa chambre et s'y enferme.*)   820

Scène V. — LE QUAKER; KITTY BELL, *consternée.*

LE QUAKER. — Tu es remplie d'épouvante, Kitty?

KITTY BELL. — C'est vrai.

LE QUAKER. — Et moi aussi.

■■■

● **Une héroïne complexe** — Effrayée par la passion qu'elle sent naître en
elle (*expliquez-moi le trouble où me jette ce jeune homme! les pleurs que
m'arrache malgré moi sa vue, oui, sa seule vue!*, l. 781) et éprouvant
le besoin d'une *confession* (l. 776), ne fait-elle pas maintenant songer à
Phèdre? — A la vérité, la multiplicité des rapprochements qu'on a été
amené à faire à propos de cette scène prouve à la fois la complexité et
l'originalité d'un personnage à propos duquel il faudrait citer encore
certaines héroïnes de Shakespeare. Dans l'exclamation du quaker :
Ô femme! faible femme! (l. 784), il n'est peut-être pas interdit d'entendre
comme un écho des paroles d'Hamlet : « *Frailty,* thy name is woman,
Faiblesse, ton nom est femme. »

● **Une fin de scène d'une grande intensité dramatique** — C'est au moment
où Kitty Bell avoue presque son amour que Chatterton rentre, à demi
égaré.
  ① Pourquoi était-il sorti? Imaginez les sentiments auxquels il a pu être
en proie pendant sa courte promenade.
  ② Montrez que Vigny nous présente un personnage effrayant : *a)* par
son comportement; *b)* par certaines paroles (lesquelles?) qu'il prononce
et qui sont comme l'annonce du dénouement tragique.
  ③ Comment qualifiez-vous le ton qu'il emploie dans sa dernière
réplique (l. 802-819)? Que pensez-vous de la façon dont s'enchaînent
ses propos, notamment au moment où il évoque Lord Talbot?
  ④ « *Adieu, madame; adieu, monsieur. Ha! ha!* (l. 818) — Cette
« sortie » de Chatterton vous semble-t-elle marquée de quelque excès?
En formulant votre réponse, n'oubliez pas que le public de 1835 était
accoutumé à l' « enflure » du mélodrame.

● **Rôle de l'acte II dans la pièce** — Les différents épisodes de cet acte
n'existaient pas dans *Stello*, dont nous retrouverons au contraire de larges
traces à l'acte III.
  ⑤ Pourquoi, à votre avis, Vigny s'est-il attardé sur la naissance de l'amour
entre Kitty Bell et Chatterton? La composition du drame vous paraît-elle
y perdre pour autant son équilibre? Vous apprécierez, et éventuellement
discuterez cette remarque d'un commentateur de *Chatterton* (M.F. Ségu) :
  « Cet acte [...] n'ajoute aucun argument nouveau au développement de la thèse;
  il est purement sentimental. »

■■■

87

KITTY BELL. — Vous aussi? — Vous si fort[1], vous que rien n'a jamais ému devant moi! — Mon Dieu! qu'y a-t-il donc ici que je ne puis comprendre? Ce jeune homme nous a tous trompés; il s'est glissé ici comme un pauvre, et il est riche. Ces jeunes gens ne lui ont-ils pas parlé comme à leur égal? Qu'est-il venu faire ici? Qu'a-t-il voulu en se faisant plaindre? Pourtant, ce qu'il dit a l'air vrai, et lui, il a l'air bien malheureux.

LE QUAKER. — Il serait bon que ce jeune homme mourût.

KITTY BELL. — Mourir! pourquoi?

LE QUAKER. — Parce que mieux vaut la mort que la folie.

KITTY BELL. — Et vous croyez...? Ah! le cœur me manque. (*Elle tombe assise.*)

LE QUAKER. — Que la plus forte raison ne tiendrait pas[2] à ce qu'il souffre. — Je dois te dire toute ma pensée, Kitty Bell. Il n'y a pas d'ange au ciel qui soit plus pur que toi. La Vierge mère ne jette pas sur son enfant un regard plus chaste que le tien. Et pourtant, tu as fait, sans le vouloir, beaucoup de mal autour de toi.

KITTY BELL. — Puissances du ciel! est-il possible?

LE QUAKER. — Écoute, écoute, je t'en prie. — Comment le mal sort du bien, et le désordre de l'ordre même, voilà ce que tu ne peux t'expliquer, n'est-ce pas? Eh bien, sache, ma chère fille, qu'il a suffi pour cela d'un regard de toi, inspiré par la plus belle vertu qui siège à la droite de Dieu, la pitié. — Ce jeune homme, dont l'esprit a trop vite mûri sous les ardeurs de la poésie, comme dans une serre brûlante, a conservé le cœur naïf d'un enfant. Il n'a plus de famille, et, sans se l'avouer, il en cherche une; il s'est accoutumé à te voir vivre près de lui, et peut-être s'est habitué à s'inspirer de ta vue et de ta grâce maternelle. La paix qui règne autour de toi a été aussi dangereuse pour cet esprit rêveur que le sommeil sous la blanche tubéreuse[3]; ce n'est pas ta faute si, repoussé de tous côtés, il s'est cru heureux d'un accueil bienveillant; mais enfin cette existence de sympathie silencieuse et profonde est devenue la sienne. — Te crois-tu donc le droit de la lui ôter?

KITTY BELL. — Hélas! croyez-vous donc qu'il ne nous ait pas trompés?

LE QUAKER. — Lovelace[4] avait plus de dix-huit ans, Kitty. Et ne lis-tu pas sur le front de Chatterton la timidité de la misère? Moi, je l'ai sondée: elle est profonde.

_____

1. Au sens moral. — 2. Ne résisterait pas. — 3. Plante odoriférante. — 4. Le séducteur, héros du roman de Richardson, *Clarisse Harlowe* (1748), dont la vogue était grande encore à l'époque.

KITTY BELL. — Ô mon Dieu! quel mal a dû lui faire ce que j'ai dit tout à l'heure!

LE QUAKER. — Je le crois, madame. 865

KITTY BELL. — Madame[1]? — Ah! ne vous fâchez pas. Si vous saviez ce que j'ai fait et ce que j'allais faire!

LE QUAKER. — Je veux bien le savoir.

KITTY BELL. — Je me suis cachée de mon mari, pour quelques sommes que j'ai données pour monsieur Chatterton[2]. Je n'osais pas les lui 870 demander, et je ne les ai pas reçues encore. Mon mari s'en est aperçu. Dans ce moment même, j'allais peut-être me déterminer à en parler à ce jeune homme. Oh! que je vous remercie de m'avoir épargné cette mauvaise action! Oui, c'eût été un crime assurément, n'est-ce pas? 875

LE QUAKER. — Il en aurait fait un, lui, plutôt que de ne pas vous satisfaire. Fier comme je le connais, cela est certain. Mon amie, ménageons-le. Il est atteint d'une maladie toute morale et presque incurable, et quelquefois contagieuse; maladie terrible qui se saisit surtout des âmes jeunes, ardentes et toutes neuves 880 à la vie, éprises de l'amour du juste et du beau, et venant dans le monde pour y rencontrer, à chaque pas, toutes les iniquités et toutes les laideurs d'une société mal construite. Ce mal, c'est la haine de la vie et l'amour de la mort; c'est l'obstiné Suicide.

---

1. Justifier cette réaction. — 2. Voilà clairement expliqués les motifs de la querelle entre John Bell et sa femme (acte I, sc. 3, puis sc. 6).

■■

● **Le spectre de « l'obstiné Suicide »** — Le quaker, épouvanté par ce qui vient de se passer, a compris que le poète peut prendre d'un instant à l'autre une funeste résolution. Le mot *suicide* jaillit au cœur de la scène, comme une affreuse menace. Mais le vieillard a compris également l'amour qu'éprouve Kitty Bell pour le jeune homme. Aussi va-t-il mettre une sourdine à sa rigueur morale et essayer de sauver Chatterton en lui permettant (par son intervention auprès de Kitty) de conserver *cette existence de sympathie silencieuse et profonde* (l. 856).

① Comment expliquez-vous l'attitude du quaker? Pense-t-il (et pensez-vous) qu'une telle solution soit effectivement possible? A quelles nécessités dramatiques Vigny obéit-il ici?

② Montrez que la tirade du vieillard définissant le suicide (l. 878-884) exprime, d'une manière particulièrement ramassée et frappante, ce que l'auteur développe dans sa préface : voir p. 42, l. 188-194.

■■

KITTY BELL. — Oh! que le Seigneur lui pardonne! serait-ce vrai? [885]
(*Elle se cache la tête pour pleurer.*)

LE QUAKER. — Je dis obstiné, parce qu'il est rare que ces malheureux renoncent à leur projet quand il est arrêté en eux-mêmes [1].

KITTY BELL. — En est-il là? En êtes-vous sûr? Dites-moi vrai! Dites-moi tout! Je ne veux pas qu'il meure! — Qu'a-t-il fait? que [890] veut-il? Un homme si jeune! une âme céleste! la bonté des anges! la candeur des enfants! une âme toute éclatante de pureté, tomber ainsi dans le crime des crimes, celui que le Christ hésiterait lui-même à pardonner! Non, cela ne sera pas, il ne se tuera pas. Que lui faut-il? Est-ce de l'argent? Eh bien, j'en aurai. Nous en [895] trouverons bien quelque part pour lui. Tenez, tenez, voilà des bijoux, que jamais je n'ai daigné porter, prenez-les, vendez tout. — Se tuer! là, devant moi et mes enfants! — Vendez, vendez, je dirai ce que je pourrai. Je recommencerai à me cacher; enfin je ferai mon crime aussi, moi; je mentirai : voilà tout. [900]

LE QUAKER. — Tes mains! tes mains, ma fille, que je les adore! (*Il baise ses deux mains réunies.*) Tes fautes sont innocentes, et, pour cacher ton mensonge miséricordieux, les saintes, tes sœurs, étendraient leurs voiles; mais garde tes bijoux : c'est un homme à mourir vingt fois devant un or qu'il n'aurait pas gagné ou tenu [905] de sa famille. J'essayerais bien inutilement de lutter contre sa faute unique, vice presque vertueux, noble imperfection, péché sublime : l'orgueil de la pauvreté.

KITTY BELL. — Mais n'a-t-il pas parlé d'une lettre qu'il aurait écrite à quelqu'un dont il attendrait du secours? [910]

LE QUAKER. — Ah! c'est vrai! Cela était échappé à mon esprit, mais ton cœur avait entendu. Oui, voilà une ancre de miséricorde [2]. Je m'y appuierai avec lui. (*Il veut sortir.*)

KITTY BELL. — Mais... que voulait-il dire en parlant de lord Talbot : « On peut l'aimer ici, cela se conçoit! » [915]

LE QUAKER. — Ne songe point à ce mot-là! Un esprit absorbé comme le sien dans ses travaux et ses peines est inaccessible aux petitesses d'un dépit jaloux, et plus encore aux vaines fatuités de ces coureurs d'aventures. Que voudrait dire cela? Il faudrait donc supposer qu'il regarde ce Talbot comme essayant ses séductions [920] près de Kitty Bell et avec succès, et supposer que Chatterton se croit le droit d'en être jaloux; supposer que ce charme d'intimité serait devenu en lui une passion?... Si cela était...

---

1. Noter l'importance dramatique de ce rappel. Chatterton *peut* encore être sauvé. — 2. Dans la navigation à voiles, c'était l'*ancre* placée à l'avant du navire, et qu'on utilisait en dernier recours.

KITTY BELL. — Oh! ne me dites plus rien... laissez-moi m'enfuir.
(*Elle se sauve en fermant ses oreilles, et il la poursuit de sa voix.*) ⁹²⁵

LE QUAKER. — Si cela était, sur ma foi! j'aimerais mieux le laisser
mourir!

■■■

● **L'appel à la pitié**

① Comment le quaker (l. 843-857) s'efforce-t-il de susciter la pitié de la
jeune femme? Pour évoquer la paix que celle-ci apporte avec elle, Vigny
ne s'abandonne-t-il pas au style de la poésie? A quel moment?
Estimez-vous qu'un tel style soit ici hors de saison? Pourquoi?

② Quel est l'argument décisif qui déclenche, chez Kitty Bell, des élans
de générosité passionnée? Que traduit (l. 889-900) le rythme entrecoupé
des phrases? Attendions-nous d'elle la formule finale (l. 900) : *Je
mentirai, voilà tout*, et la désinvolture qu'elle implique? Montrez comment
la perspective d'un tel mensonge est accueillie par le quaker.

③ Expliquez l'expression *l'orgueil de la pauvreté* (l. 908).

Comparez avec *la timidité de la misère* (l. 861).

● **L'intérêt dramatique** a été maintenu, tout au long de la scène, par l'enchaînement même des répliques. Et des formules émergent qui nous prouvent
que « l'art des préparations » n'est pas perdu de vue. La double mort
des jeunes gens est discrètement annoncée.

④ A quels moments?

La lueur d'espoir destinée à nous tenir en haleine jusqu'au bout est
introduite à point nommé.

⑤ Dans quelle réplique?

Enfin, la « fausse sortie » du quaker fait rebondir l'intérêt.

⑥ Étudiez de près la fin de la scène (à partir de la l. 914). Indiquez les
différentes interprétations que l'on peut donner de la formule de Lord
Talbot. Que traduisent les méandres de la phrase (l. 919-923) dans
laquelle le vieillard livre le fruit de ses suppositions? Pourquoi Kitty
s'enfuit-elle? Cette attitude est-elle dans la logique de son caractère?
Expliquez la réplique finale du quaker; confrontez-la avec celle du
début (l. 831, *Il serait bon que ce jeune homme mourût*).

⑦ Parlant du poème d'*Eloa*, M. P.-G. Castex (*op. cit*, p. 32-33) écrit :

Quant à l'héroïne, elle est ange, mais elle est femme aussi : à l'innocence angélique,
elle joint les séductions féminines. La sensibilité la gouverne : c'est sa faiblesse et
sa force. Eloa est vulnérable aux entreprises du Tentateur, qui lui parle le langage
de l'Amour ; mais aussi elle est accessible aux plus hautes générosités que puisse
inspirer l'instinct de la Pitié. Elle ressemble [...] à l'image de la compagne idéale
que le poète se forme et qu'il tâchera de fixer, dix ans plus tard, dans la Kitty Bell
de *Chatterton* ; puis, dix ans plus tard encore, dans l'Eva de *la Maison du berger*.

Qu'en pensez-vous?

■■■

ACTE III

La chambre de Chatterton, sombre, petite, pauvre, sans feu; un lit misérable et en désordre [1].

Scène première. — CHATTERTON *est assis sur le pied de son lit et écrit sur ses genoux.*

Il est certain qu'elle ne m'aime pas. — Et moi... je n'y veux plus penser. — Mes mains sont glacées, ma tête est brûlante. — Me voilà seul en face de mon travail. — Il ne s'agit plus de sourire et d'être 930
bon! de saluer et de serrer la main! Toute cette comédie est jouée : j'en commence une autre avec moi-même. — Il faut, à cette heure, que ma volonté soit assez puissante pour saisir mon âme, et l'emporter tour à tour dans le cadavre ressuscité des personnages que j'évoque, et dans le fantôme de ceux que j'invente! Ou bien il 935
faut que, devant Chatterton malade, devant Chatterton qui a froid, qui a faim, ma volonté fasse poser avec prétention un autre Chatterton, gracieusement paré pour l'amusement du public, et que celui-là soit décrit par l'autre : le troubadour par le mendiant [2]. Voilà les deux poésies possibles, ça ne va pas plus loin que cela! Les divertir 940
ou leur faire pitié; faire jouer de misérables poupées, ou l'être soi-même et faire trafic de cette singerie! Ouvrir son cœur pour le mettre en étalage sur un comptoir! S'il a des blessures, tant mieux! il a plus de prix; tant soit peu mutilé, on l'achète plus cher [3]. (*Il se lève*). Lève-toi, créature de Dieu, faite à son image [4], et admire-toi encore 945
dans cette condition! (*Il rit et se rassied.* — *Une vieille horloge sonne une demi-heure, deux coups.*) Non, non!

L'heure t'avertit; assieds-toi, et travaille [5], malheureux! Tu perds ton temps en réfléchissant : tu n'as qu'une réflexion à faire, c'est que tu es pauvre. — Entends-tu bien? un pauvre! 950

Chaque minute de recueillement est un vol que tu fais; c'est une minute stérile. — Il s'agit bien de l'idée, grand Dieu! Ce qui rapporte, c'est le mot. Il y a tel mot qui peut aller jusqu'à un shelling; la pensée n'a pas cours sur la place [6]

---

1. Changement de décor. Il était nécessaire que nous ayons sous les yeux la chambre misérable où vit le poète mais où l'on ne peut vraiment vivre, l'antichambre même de la mort. — 2. Noter le dédoublement et l'antithèse. — 3. Sarcasme qui vise les romantiques portant leur cœur « en écharpe »; ces mots annoncent le Vigny impassible de *la Mort du Loup* (« Gémir, pleurer, prier est également lâche ») et le Leconte de Lisle des *Montreurs*. — 4. C'est la formule biblique (*Genèse*, I, 27); sur quel ton est-elle citée ici? — 5. Voir ce que disait Chatterton à l'acte II (sc. 4, l. 819) : *A l'ouvrage! à l'ouvrage!* — 6. Elle ne figure pas parmi les valeurs cotées, à l'inverse des mots; voir p. 36-40, la différence entre l'homme de lettres et le poète telle qu'elle est exprimée dans la *Dernière nuit de travail*.

Oh! loin de moi, — loin de moi, je t'en supplie, découragement [955]
glacé! Mépris de moi-même, ne viens pas achever de me perdre!
détourne-toi! détourne-toi! car, à présent, mon nom et ma demeure,
tout est connu! et, si demain ce livre n'est pas achevé, je suis perdu!
oui, perdu! sans espoir! — Arrêté, jugé, condamné! jeté en prison [1]!
Ô dégradation! ô honteux travail! (*Il écrit.*) Il est certain que cette [960]
jeune femme ne m'aimera jamais. — Eh bien, ne puis-je cesser d'avoir
cette idée? (*Long silence.*) J'ai bien peu d'orgueil d'y penser encore [2].
— Mais qu'on me dise donc pourquoi j'aurais de l'orgueil! De l'orgueil
de quoi? Je ne tiens aucune place dans aucun rang. Et il est certain [965]
que ce qui me soutient, c'est cette fierté [3] naturelle. Elle me crie
toujours à l'oreille de ne pas ployer et de ne pas avoir l'air malheureux.
— Et pour qui donc fait-on l'heureux quand on ne l'est pas? Je crois
que c'est pour les femmes. Nous posons tous devant elles. — Les
pauvres créatures, elles te prennent pour un trône, ô Publicité, vile
Publicité [4]! toi qui n'es qu'un pilori où le profane passant peut nous [970]
souffleter. En général les femmes aiment celui qui ne s'abaisse devant
personne. Eh bien, par le Ciel, elles ont raison. — Du moins celle-ci
qui a les yeux sur moi ne me verra pas baisser la tête. — Oh! si elle
m'eût aimé! (*Il s'abandonne à une longue rêverie, dont il sort
violemment.*) Écris donc, malheureux, évoque donc ta volonté! — [975]
Pourquoi est-elle si faible? N'avoir pu encore lancer en avant cet esprit
rebelle qu'elle excite, et qui s'arrête! — Voilà une humiliation toute
nouvelle pour moi! — Jusqu'ici je l'avais toujours vu partir avant
son maître; il fallait un frein et, cette nuit, c'est l'éperon qu'il lui faut [5].
— Ah! ah! l'immortel! ah! ah! le rude maître du corps! Esprit [980]
superbe, seriez-vous paralysé par ce misérable brouillard [6] qui pénètre
dans une chambre délabrée? Suffit-il, orgueilleux, d'un peu de
vapeur froide pour vous vaincre? (*Il jette sur ses épaules la couverture
de son lit.*) L'épais brouillard! il est tendu au dehors de ma fenêtre
comme un rideau blanc, ou comme un linceul [7]. — Il était pendu [985]
ainsi à la fenêtre de mon père, la nuit de sa mort. (*L'horloge sonne
trois quarts.*) Encore! le temps me presse; et rien n'est écrit! (*Il lit*):
« Harold! Harold [8]!... ô Christ! Harold... le duc Guillaume... »

---

1. Pour dettes. — 2. Réflexion justifiée par une scène de l'acte II. Laquelle? — 3. **Le mot**
semble être ici à peu près synonyme d'orgueil, de sentiment de la dignité personnelle. Cf. la façon
dont Montherlant nuance les deux mots : « A mi-chemin entre la vanité et l'orgueil, vous choisi-
rez la fierté » (« Lettre d'un père à son fils », dans *Service inutile*). — 4. Dans le *Journal d'un poète*
(1842), Vigny reproche aux auteurs de trop s'occuper de la publicité : « L'un court après les
articles de journaux, l'autre après les opinions de salon qu'il cherche à former. Peines perdues!
— Un homme qui se respecte n'a qu'une chose à faire : publier, ne voir personne et oublier son
livre. » — 5. L'image de l'éperon sera reprise par Baudelaire dans *le Goût du néant*. — 6. La
scène se passe en novembre; voir *Stello*, chap. 15 : « La vénérable ville de Londres avait répandu
avec générosité les nuages grisâtres et jaunâtres de son *brouillard*, mêlés aux nuages noirâtres de
son charbon de terre ». — 7. Image prémonitoire. — 8. Personnage du poème de Chatterton,
la Bataille d'Hastings.

Eh! que me fait cet Harold, je vous prie? — Je ne puis comprendre comment j'ai écrit cela. (*Il déchire le manuscrit, en parlant. — Un peu de délire le prend*.) J'ai fait le catholique [1]; j'ai menti. Si j'étais catholique, je me ferais moine et trappiste. Un trappiste n'a pour lit qu'un cercueil [2], mais au moins il y dort. — Tous les hommes ont un lit où ils dorment : moi, j'en ai un où je travaille pour de l'argent. (*Il porte la main à sa tête*.) Où vais-je? où vais-je? Le mot entraîne l'idée malgré elle... Ô Ciel! la folie ne marche-t-elle pas ainsi? Voilà qui peut épouvanter le plus brave... Allons! calme-toi. — Je relisais ceci... Oui... Ce poème-là n'est pas assez beau!... Écrit trop vite! — Écrit pour vivre! — Ô supplice! La bataille d'Hastings!... Les vieux Saxons!... Les jeunes Normands! Me suis-je intéressé à cela? Non. Et pourquoi donc en as-tu parlé? — Quand j'avais tant à dire sur ce que je vois! (*Il se lève et marche à grands pas*.) — Réveiller de froides cendres, quand tout frémit et souffre autour de moi; quand la vertu appelle à son secours et se meurt à force de pleurer; quand le pâle travail [3] est dédaigné; quand l'espérance a perdu son ancre; la foi, son calice; la charité, ses pauvres enfants; quand la loi est athée et corrompue comme une courtisane; lorsque la terre crie et demande justice au poète de ceux qui la fouillent sans cesse pour avoir son or, et lui disent qu'elle peut se passer du Ciel!

Et moi! moi qui sens cela, je ne lui répondrais pas? Si! par le Ciel! je lui répondrai. Je frapperai du pied les méchants et les hypocrites. Je dévoilerai Jérémiah-Miles et Warton [4].

Ah! misérable! Mais... c'est la satire! Tu deviens méchant. (*Il pleure longtemps avec désolation*.) Écris plutôt sur ce brouillard qui s'est logé à ta fenêtre comme à celle de ton père. (*Il s'arrête. — Il prend une tabatière sur sa table*.) Le voilà, mon père! — Vous voilà! bon vieux marin [5]! franc capitaine de haut-bord, vous dormiez la nuit, vous, et, le jour, vous vous battiez! vous n'étiez pas un paria intelligent comme l'est devenu votre pauvre enfant. Voyez-vous, voyez-vous ce papier blanc? S'il n'est pas rempli demain, j'irai en prison, mon père, et je n'ai pas dans la tête un mot pour noircir ce papier, parce que j'ai faim. — J'ai vendu, pour manger, le diamant qui était là, sur cette boîte, comme une étoile sur votre beau front. Et, à présent, je ne l'ai plus, et j'ai toujours la faim [6]. Et j'ai aussi votre orgueil, mon père, qui fait que je ne le dis pas. — Mais, vous qui étiez vieux [7] et qui saviez qu'il faut de l'argent pour vivre, et que vous n'en aviez pas à me laisser, pourquoi m'avez-vous créé? (*Il jette la boîte. — Il court après, se met à genoux et pleure*.) Ah! pardon, pardon, mon

---

1. Parce qu'il attribuait son œuvre à un moine du Moyen Age. — 2. Exagération. En réalité, les Trappistes (moines cisterciens) couchent sur la dure et sont enterrés sans cercueil. — 3. Sens et valeur de l'image? — 4. Ce sont les deux auteurs qui mirent en doute l'authenticité des poèmes publiés par Chatterton, — mais après sa mort. — 5. Indication de pure fantaisie. Peut-être Vigny songe-t-il à ses ancêtres maternels. — 6. Noter l'emploi de l'article (comparer avec la l. 1022). — 7. Nouvelle inexactitude : le père de Chatterton mourut à trente-neuf ans.

père! mon vieux père en cheveux blancs! — Vous m'avez tant
embrassé sur vos genoux! — C'est ma faute! J'ai cru être poète! [1030]
C'est ma faute; mais je vous assure que mon nom n'ira pas en prison!
Je vous le jure, mon vieux père. Tenez, tenez, voilà de l'opium! Si
j'ai par trop faim... je ne mangerai pas, je boirai [1]. (*Il fond en larmes
sur la tabatière où est le portrait.*) Quelqu'un monte lourdement mon
escalier de bois. — Cachons ce trésor. (*Cachant l'opium.*) Et pourquoi? [1035]
Ne suis-je donc pas libre? plus libre que jamais? — Caton [2] n'a pas
caché son épée. Reste comme tu es, Romain, et regarde en face. (*Il
pose l'opium au milieu de sa table.*)

---

1. Jeu de mots sinistre. — 2. Il s'agit de Caton d'Utique qui, après les victoires de César,
se donna la mort avec *son épée*, en 46 av. J.-C.

■■■

● **Un monologue classique** ... Chatterton s'achemine vers une décision,
dictée par l'échec de ses ambitions d'artiste et par ce qu'il croit être un
amour déçu. Reste la mort. Le choix de cette solution est le résultat
d'une analyse intérieure.

① Comment Chatterton se voit-il en tant qu'artiste? Trouvez des
preuves de sa lucidité, et du caractère impitoyable de cette analyse.

● **... traité à la manière romantique** — Même au cœur du délire, les personnages du théâtre classique obéissent à la logique (cf. par exemple la
« folie d'Oreste » dans *Andromaque*, V, 5).

② En est-il de même ici? A travers la composition débridée, ne peut-on
cependant découvrir une sorte de fil conducteur? Résumez l'itinéraire
suivi par la pensée et les sentiments du poète. Montrez le rôle joué par les
pensées concernant Kitty Bell.

③ Afin de dégager la véritable nature de ce monologue, comparez-le
a) avec des monologues du théâtre romantique : *Ruy Blas*, III, 4; *Lorenzaccio*, IV, 3;
b) avec le « délire » du *Père Goriot* mourant;
c) avec les monologues shakespeariens, notamment celui d'*Hamlet*.

● **Chatterton ou le poète**

④ *Écrit pour vivre* (l. 999). Montrez que nous sommes là au cœur du
problème évoqué par Vigny dans sa préface.

⑤ *Mais... c'est la satire! Tu deviens méchant* (l. 1013). Pourquoi le
genre satirique est-il indigne du vrai poète? Quelle sorte de poésie cultive
Chatterton? Confrontez avec cette notation du *Journal* (1838) : « La
satire a des expressions innombrables et variées à l'infini. L'enthousiasme
n'en trouve que quelques-unes, rares et restreintes. Ne serait-ce pas une
preuve de plus de la supériorité du mal sur le bien dans le cœur de
l'homme ? »

■■■

SCÈNE II. — CHATTERTON, LE QUAKER.

LE QUAKER, *jetant les yeux sur la fiole.* — Ah!

CHATTERTON. — Eh bien? 1040

LE QUAKER. — Je connais cette liqueur. — Il y a là au moins soixante grains [1] d'opium. Cela te donnerait une certaine exaltation qui te plairait d'abord assez comme poète, et puis un peu de délire, et puis un bon sommeil bien lourd et sans rêve, je t'assure. — Tu es resté bien longtemps seul, Chatterton. (*Le quaker pose le flacon* 1045 *sur la table, Chatterton le reprend à la dérobée.*)

CHATTERTON. — Et si je veux rester seul pour toujours, n'en ai-je pas le droit?

LE QUAKER *s'assied sur le lit; Chatterton reste debout, les yeux fixes et hagards.* — Les païens disaient cela. 1050

CHATTERTON. — Qu'on me donne une heure de bonheur, et je redeviendrai un excellent chrétien. Ce que... ce que vous craignez, les stoïciens l'appelaient *sortie raisonnable* [2].

LE QUAKER. — C'est vrai; et ils disaient même que, les causes qui nous retiennent à la vie n'étant guère fortes, on pouvait bien en sortir 1055 pour des causes légères. Mais il faut considérer, ami, que la Fortune change souvent et peut beaucoup, et que, si elle peut faire quelque chose pour quelqu'un, c'est pour un vivant.

CHATTERTON. — Mais aussi elle ne peut rien contre un mort. Moi, je dis qu'elle fait plus de mal que de bien, et qu'il n'est pas 1060 mauvais de la fuir.

LE QUAKER. — Tu as bien raison; mais seulement c'est un peu poltron. — S'aller cacher sous une grosse pierre, dans un grand trou, par frayeur d'elle, c'est de la lâcheté.

CHATTERTON. — Connaissez-vous beaucoup de lâches qui se soient 1065 tués?

LE QUAKER. — Quand ce ne serait que Néron [3].

CHATTERTON. — Aussi, sa lâcheté, je n'y crois pas. Les nations n'aiment pas les lâches, et c'est le seul nom d'empereur populaire en Italie [4]. 1070

---

1. Le grain valait autrefois 0,053 g. — 2. La formule est de Diogène Laërce (IIIe s. av. J.-C.) dans sa *Vie de Zénon*, comme le remarquait d'ailleurs Chatterton dans une première version. — 3. Les romantiques ont souvent fait preuve de beaucoup d'indulgence à l'égard de Néron, sans doute du fait de son esprit « satanique ». Du moins, ils trouvent le personnage pittoresque (cf. Hugo : *Un chant de fête de Néron* dans les *Odes et Ballades*). — 4. La censure impériale fit supprimer cette phrase lors des représentations de 1857.

LE QUAKER. — Cela fait bien l'éloge de la popularité. — Mais, du reste, je ne te contredis nullement. Tu fais bien de suivre ton projet, parce que cela va faire la joie de tes rivaux. Il s'en trouvera d'assez impies pour égayer le public par d'agréables bouffonneries sur le récit de ta mort [1], et ce qu'ils n'auraient jamais pu accomplir, 1075 tu le fais pour eux : tu t'effaces. Tu fais bien de leur laisser ta part de cet os vide de la gloire que vous rongez tous. C'est généreux.

CHATTERTON. — Vous me donnez plus d'importance que je n'en ai. Qui sait mon nom?

LE QUAKER, *à part.* — Cette corde vibre encore. Voyons ce que j'en 1080 tirerai. (*A Chatterton.*) On sait d'autant mieux ton nom que tu l'as voulu cacher.

CHATTERTON. — Vraiment? Je suis bien aise de savoir cela. — Eh bien, on le prononcera plus librement après moi.

LE QUAKER, *à part.* — Toutes les routes le ramènent à son idée fixe. 1085 (*Haut.*) Mais il m'avait semblé, ce matin, que tu espérais quelque chose d'une lettre?

CHATTERTON. — Oui, j'avais écrit au lord-maire, monsieur Beckford, qui a connu mon père assez intimement. On m'avait souvent offert sa protection, je l'avais toujours refusée, parce que je n'aime 1090 pas être protégé. — Je comptais sur des idées pour vivre. Quelle folie! — Hier, elles m'ont manqué toutes; il ne m'en est resté qu'une, celle d'essayer du protecteur [2].

LE QUAKER. — Monsieur Beckford passe pour le plus honnête homme et l'un des plus éclairés de Londres. Tu as bien fait. Pourquoi y 1095 as-tu renoncé depuis?

CHATTERTON. — Il m'a suffi depuis de la vue d'un homme [3].

LE QUAKER. — Essaye de la vue d'un sage après celle d'un fou. — Que t'importe?

---

1. « Le corps de Chatterton était chaud lorsqu'on fit à Londres un poème burlesque sur sa mort » (*Journal*, 1832). — 2. Noter le ton. — 3. Lord Talbot, à l'acte II.

■■■

● **Un dialogue serré** — Le quaker, à qui la présence de la fiole a fait comprendre l'imminence d'une résolution funeste, va s'efforcer de détourner Chatterton du suicide. Il use d'abord du raisonnement.

① Comment renvoie-t-il la balle à son interlocuteur à propos de la *sortie raisonnable* (l. 1054-1058)? Devant l'échec de son recours à la logique, à quoi fait-il appel (l. 1062-1064)? Quel résultat obtient-il?

② *Cette corde vibre encore. Voyons ce que j'en tirerai* (l. 1080-1081). Dites l'intérêt et l'importance de cet aparté.

■■■

CHATTERTON. — Eh! pourquoi ces retards? Les hommes d'imagination [1100] sont éternellement crucifiés; le sarcasme et la misère sont les clous de leur croix. Pourquoi voulez-vous qu'un autre soit enfoncé dans ma chair : le remords de s'être inutilement abaissé? — Je veux *sortir raisonnablement*. J'y suis forcé.

LE QUAKER *se lève*. — Que le Seigneur me pardonne ce que je vais [1105] faire. Écoute, Chatterton! je suis très vieux, je suis chrétien et de la secte la plus pure de la république universelle du Christ. J'ai passé tous mes jours avec mes frères dans la méditation, la charité et la prière. Je vais te dire, au nom de Dieu, une chose vraie et, en la disant, je vais, pour te sauver, jeter une tache sur mes [1110] cheveux blancs.

Chatterton! Chatterton! tu peux perdre ton âme, mais tu n'as pas le droit d'en perdre deux. — Or il y en a une qui s'est attachée à la tienne et que ton infortune vient d'attirer comme les Écossais disent que la paille attire le diamant radieux. Si tu t'en vas, elle [1115] s'en ira; et cela, comme toi, sans être en état de grâce, et indigne pour l'éternité de paraître devant Dieu.

Chatterton! Chatterton! tu peux douter de l'éternité, mais elle n'en doute pas; tu seras jugé selon tes malheurs et ton désespoir, et tu peux espérer miséricorde; mais non pas elle, qui était heu- [1120] reuse et toute chrétienne. Jeune homme, je te demande grâce pour elle, à genoux, parce qu'elle est pour moi sur la terre comme mon enfant.

CHATTERTON. — Mon Dieu! mon ami, mon père, que voulez-vous dire?... Serait-ce donc...? Levez-vous!... vous me faites honte... [1125] Serait-ce...?

LE QUAKER. — Grâce! car si tu meurs, elle mourra...

CHATTERTON. — Mais qui donc?

LE QUAKER. — Parce qu'elle est faible de corps et d'âme, forte de cœur [1] seulement. [1130]

CHATTERTON. — Nommez-la! Aurais-je osé croire!...

LE QUAKER *se relève*. — Si jamais tu lui dis ce secret, malheureux! tu es [2] un traître, et tu n'auras pas besoin de suicide; ce sera moi qui te tuerai [3].

CHATTERTON. — Est-ce donc...? [1135]

LE QUAKER. — Oui, la femme de mon vieil ami, de ton hôte... la mère des beaux enfants.

CHATTERTON. — Kitty Bell!

---

1. Au sens classique de : courage. — 2. L'emploi du présent confère plus de vigueur à l'expression. — 3. Comment expliquer une telle menace de la part d'un homme raisonnable comme le quaker?

LE QUAKER. — Elle t'aime, jeune homme. Veux-tu te tuer encore?

CHATTERTON, *tombant dans les bras du quaker.* — Hélas! je ne puis [1140] donc plus vivre ni mourir?

LE QUAKER, *fortement.* — Il faut vivre, te taire, et prier Dieu!

● **Le problème du suicide** — A l'époque de *Stello*, Vigny note dans son *Journal* (1832) un projet de deuxième *Consultation* sur le suicide : « Elle renfermera tous les genres de suicide et des exemples de toutes leurs causes analysées profondément. » Il semble bien qu'à ce moment-là il prenne volontiers à son compte l'argumentation de Chatterton quand il se fonde sur la doctrine stoïcienne de la *sortie raisonnable* (mentionnée dans le *Journal*). Mais pour le reste, il envisage la question sous d'autres angles que son héros et, comme il est naturel, avec beaucoup plus d'objectivité. Ainsi cette analyse qu'on lit dans le *Journal* en 1834 :

J'ai reçu des lettres de plusieurs jeunes gens désespérés et trop portés au suicide. — J'ai remarqué d'ailleurs qu'ils se faisaient illusion sur leur talent et leur vocation. — J'ai cherché à me rendre compte de la cause de leur mal et je crois l'avoir trouvée. La liberté de tout imprimer les a saisis au dépourvu et ils n'ont pu soutenir le défi qu'ils avaient porté. Ils tenaient en réserve ce prétexte de l'esclavage qui empêchait leur pensée de prendre leur vol, et quand le grand air a été ouvert à leurs idées, les ailes leur ont manqué. — La honte leur a fait chercher la mort.

① Comparez cette explication avec celle que l'on peut donner de l'attitude de Chatterton.

On sait que, dans la *Dernière nuit de travail* (voir p. 46, l. 190), Vigny a pris soin de condamner le suicide en tant que « crime religieux et social » mais, dans le cas de l'écrivain, en rejetant la responsabilité sur la société. Il note cependant peu après (*Journal*, 20 décembre) cette curieuse exception : « Si le suicide est permis, c'est dans l'une de ces situations où un homme est de trop au milieu d'une famille et où sa mort rendrait la paix à tous ceux que trouble sa vie. » Plus tard, à l'époque du *Mont des Oliviers*, il envisagera le suicide d'une manière plus abstraite et sous la forme d'un défi : « Or Dieu regarda et vit avec orgueil un jeune homme illustre sur la terre. Ce jeune homme était très malheureux et se tua de son épée. — Lorsque son âme parut devant l'Éternel, Dieu lui dit : « Qu'as-tu fait? pourquoi as-tu détruit ton corps? » — L'âme répondit : « C'est pour t'affliger et te punir, car pourquoi m'as-tu créé malheureux?... » Et Vigny ajoute (*Journal*, 1853) qu'au·jour du jugement dernier, l'Éternel « parlera » et sera justifié.

● **Une scène dramatique**

② Comment le quaker en vient-il à révéler au jeune homme l'amour que Kitty Bell éprouve pour lui? Montrez comment les apartés du vieillard marquent les étapes de cette scène. Quelles en sont les deux grandes parties?

③ Pourquoi le quaker se lève-t-il (l. 1105)? Le retour de Chatterton à l'argument initial ne lui a-t-il pas montré la vanité de la discussion?

④ Étudiez la progression dramatique qui, de la l. 1105 à la l. 1139, nous amène à la « révélation ». Examinez le style : l. 1105-1123 et 1124-1142).

⑤ Comparez cette fin de scène avec la scène de l'aveu de Phèdre (*Phèdre*, I, 3, v. 243-268).

L'arrière-boutique [1]

Scène III. — KITTY BELL, LE QUAKER.

KITTY BELL *sort seule de sa chambre, et regarde dans la salle.* — Personne! — Venez, mes enfants!
Il ne faut jamais se cacher, si ce n'est pour faire le bien. [1145]
Allez vite chez lui! portez-lui... (*Au quaker.*) Je reviens, mon ami, je reviens vous écouter. (*A ses enfants.*) Portez-lui tous vos fruits. — Ne dites pas que je vous envoie, et montez sans faire de bruit. — Bien! Bien! (*Les deux enfants, portant un panier, montent doucement l'escalier, et entrent dans la chambre de Chatterton.* — [1150] *Quand ils sont en haut, au quaker qui entre:*) Eh bien, mon ami, vous croyez donc que le bon lord-maire lui fera du bien? Oh! mon ami, je consentirai à tout ce que vous voudrez me conseiller!

LE QUAKER. — Oui, il sera nécessaire que, dans peu de temps, il aille habiter une autre maison, peut-être même hors de Londres. [1155]

KITTY BELL. — Soit à jamais bénie la maison où il sera heureux, puisqu'il ne peut l'être dans la mienne! mais qu'il vive, ce sera assez pour moi.

LE QUAKER. — Je ne lui parlerai pas à présent de cette résolution; je l'y préparerai par degrés. [1160]

KITTY BELL, *ayant peur que le quaker n'y consente.* — Si vous voulez, je lui en parlerai, moi.

LE QUAKER. — Pas encore; ce serait trop tôt.

KITTY BELL. — Mais si, comme vous le dites, ce n'est pour lui qu'une habitude à rompre? [1165]

LE QUAKER. — Sans doute... il est fort sauvage. — Les auteurs n'aiment que leurs manuscrits... Il ne tient à personne, il n'aime personne... Cependant ce serait trop tôt.

KITTY BELL. — Pourquoi donc trop tôt, si vous pensez que sa présence soit si fatale? [1170]

LE QUAKER. — Oui, je le pense, je ne me rétracte pas.

KITTY BELL. — Cependant, si cela est nécessaire, je suis prête à le lui dire à présent ici.

LE QUAKER. — Non, non, ce serait tout perdre.

---

1. Nous retrouvons maintenant le décor principal. Vigny avait d'abord songé à faire jouer les scènes du troisième acte avec décor simultané, comme cela se pratique souvent pour *le Cid*; puis il y renonça.

KITTY BELL, *satisfaite*. — Alors, mon ami, convenez-en, s'il reste ici, [1175] je ne puis pas le maltraiter; il faut bien que l'on tâche de le rendre moins malheureux. J'ai envoyé mes enfants pour le distraire; et ils ont voulu absolument lui porter leur goûter, leurs fruits, que sais-je? Est-ce un grand crime à moi, mon ami? en est-ce un à mes enfants? (*Le quaker, s'asseyant, se détourne pour essuyer une* [1180] *larme* [1].) On dit donc qu'il fait de bien beaux livres? Les avez-vous lus, ses livres?

LE QUAKER, *avec une insouciance affectée*. — Oui, c'est un beau génie.

KITTY BELL. — Et si jeune, est-ce possible? — Ah! vous ne voulez pas me répondre, et vous avez tort, car jamais je n'oublie un mot [1185] de vous. Ce matin, par exemple, ici même, ne m'avez-vous pas dit[2] que *rendre à un malheureux un cadeau qu'il a fait, c'est l'humilier et lui faire mesurer toute sa misère?* — Aussi, je suis bien sûre que vous ne lui avez pas rendu sa Bible! — N'est-il pas vrai? Avouez-le. [1190]

LE QUAKER, *lui donnant sa Bible lentement, en la lui faisant attendre*. — Tiens, mon enfant, comme c'est moi qui te la donne, tu peux la garder.

KITTY BELL. *Elle s'assied à ses pieds à la manière des enfants qui demandent une grâce*. — Oh! mon ami, mon père, votre bonté a [1195] quelquefois un air méchant, mais c'est toujours la bonté la meilleure. Vous êtes au-dessus de nous tous par votre prudence; vous pourriez voir à vos pieds tous nos petits orages que vous méprisez, et cependant, sans être atteint, vous y prenez part; vous en souffrez par indulgence, et puis vous laissez tomber [1200] quelques mots, et les nuages se dissipent, et nous vous rendons grâces, et les larmes s'effacent, et nous sourions, parce que vous l'avez permis.

---

1. Intérêt de cette indication? — 2. Voir la l. 35.

●●

● Le bon quaker

① Quel rôle joue-t-il dans cette scène? Quel rapport y a-t-il entre son attitude et la conversation qu'il vient d'avoir avec Chatterton?

② Expliquez ce qu'il dit à propos de la Bible (l. 1192-1193).

③ Le quaker vu par Kitty Bell (l. 1195-1203). Étudiez de près ce portrait. Vous paraît-il judicieux? complet? Quels sont les sentiments qui le dictent? Que remarquez-vous dans le style (conjonctions), dans le rythme?

●●

LE QUAKER *l'embrasse sur le front.* — Mon enfant! ma chère enfant! avec toi, du moins, je suis sûr de n'en avoir pas de regret. (*On parle.*) On vient!... Pourvu que ce ne soit pas un de ses amis! — Ah! c'est ce Talbot... j'en étais sûr. (*On entend le cor de chasse.*) [1205]

SCÈNE IV. — LES MÊMES, LORD TALBOT, JOHN BELL.

LORD TALBOT. — Oui, oui, je vais les aller joindre [1] tous; qu'ils se réjouissent! Moi, je n'ai plus le cœur à leur joie. J'ai assez d'eux, laissez-les souper sans moi. Je me suis assez amusé à les voir se [1210] ruiner pour essayer de me suivre; à présent, ce jeu-là m'ennuie. — Monsieur Bell, j'ai à vous parler. — Vous ne m'aviez pas dit les chagrins et la pauvreté de mon ami, de Chatterton.

JOHN BELL, *à Kitty Bell.* — Mistress Bell, votre absence est néces- saire... pour un instant. (*Kitty Bell se retire lentement dans sa* [1215] *chambre.*) Mais, milord, ses chagrins, je ne les vois pas; et, quant à sa pauvreté, je sais qu'il ne doit rien ici.

LORD TALBOT. — Ô Ciel, comment fait-il? Oh! si vous saviez, et vous aussi, bon quaker, si vous saviez ce que l'on vient de m'apprendre! D'abord ses beaux poèmes ne lui ont pas donné un [1220] morceau de pain. — Ceci est tout simple; ce sont des poèmes, et ils sont beaux : c'est le cours naturel des choses. Ensuite, une espèce d'érudit, un misérable inconnu et méchant, vient de publier (Dieu fasse qu'il l'ignore!) une atroce calomnie. Il a prétendu prouver qu'*Harold* et tous ses poèmes n'étaient pas de lui [2]. Mais moi, [1225] j'attesterai le contraire, moi qui l'ai vu les inventer à mes côtés, là, encore enfant; je l'attesterai, je l'imprimerai, et je signerai Talbot.

LE QUAKER. — C'est bien, jeune homme.

LORD TALBOT. — Mais ce n'est pas tout. N'avez-vous pas vu rôder [1230] chez vous un nommé Skirner?

JOHN BELL. — Oui, oui, je sais; un riche propriétaire de plusieurs maisons dans la Cité [3].

LORD TALBOT. — C'est cela.

JOHN BELL. — Il est venu hier. [1235]

LORD TALBOT. — Eh bien, il le cherche pour le faire arrêter, lui, trois fois millionnaire, pour quelque pauvre loyer qu'il lui doit. Et Chatterton... — Oh! voilà qui est horrible à penser. — Je

---

1. Tour classique : aller les joindre, c'est-à-dire les rejoindre. — 2. Ce pronom désigne Chatter- ton. — 3. Le quartier des affaires, à Londres.

voudrais, tant cela fait honte au pays, je voudrais pouvoir le
dire si bas que l'air ne pût l'entendre. — Approchez tous deux. — 1240
Chatterton, pour sortir de chez lui, a promis par écrit et signé...
— oh! je l'ai lu... — il a signé que, tel jour (et ce jour approche [1]),
il payerait sa dette, et que, s'il mourait dans l'intervalle, il
vendait à l'École de chirurgie... on n'ose pas dire cela... son corps
pour le payer; et le millionnaire a reçu l'écrit !   1245

LE QUAKER. — Ô misère! misère sublime!

LORD TALBOT. — Il n'y faut pas songer; je donnerai tout à son insu;
mais sa tranquillité, la comprenez-vous?

LE QUAKER. — Et sa fierté, ne la comprends-tu pas, toi, ami?

LORD TALBOT. — Eh! monsieur, je le connaissais avant vous, je le 1250
veux voir. — Je sais comment il faut lui parler. Il faut le forcer
de s'occuper de son avenir... et, d'ailleurs, j'ai quelque chose à
réparer.

JOHN BELL. — Diable! diable! voilà une méchante affaire; à le voir
si bien avec vous, milord, j'ai cru que c'était un vrai gentleman, 1255
moi; mais tout cela pourra faire chez moi un esclandre [2]. Tenez,
franchement, je désire que ce jeune homme soit averti par vous
qu'il ne peut demeurer plus d'un mois ici, milord.

---

1. Valeur dramatique de cette parenthèse? — 2. Scandale.

■■

● Un « *nouveau* » Lord Talbot

① Comparez son caractère avec celui qui nous paraissait être le sien au
second acte. Que constatez-vous de permanent en lui? Répond-il au
portrait que Vigny fait de lui dans sa notice (voir p. 51)?

② Son langage : style, par ex. l. 1236-1245; tournures classiques que
semble lui prêter délibérément Vigny (l. 1247; 1250-51). En quoi le
distingue-t-il de ses interlocuteurs?

③ Relevez dans ses répliques : *a)* les traces de sa sincérité; *b)* celles de
son humour.

④ Comment s'exprime et s'explique son antagonisme avec le quaker?
Pour quelle raison, cependant, celui-ci l'a-t-il d'abord félicité (l. 1229)?

● Une « **scène de vérité** » dans le domaine des caractères. Il semble en
effet que les trois personnages masculins nous y apparaissent sous leur
aspect essentiel et le trahissent par des répliques particulièrement expres-
sives.

⑤ Montrez-le.

■■

LORD TALBOT, *avec un rire amer.* — N'en parlons plus, monsieur; j'espère, s'il a la bonté d'y venir, que ma maison le dédommagera [1260] de la vôtre.

KITTY BELL *revient timidement.* — Avant que Sa Seigneurie se retire, j'aurais voulu lui demander quelque chose, avec la permission de monsieur Bell.

JOHN BELL, *se promenant brusquement au fond de la chambre.* — Vous [1265] n'avez pas besoin de ma permission. Dites ce qu'il vous plaira.

KITTY BELL. — Milord connaît-il monsieur Beckford, le lord-maire de Londres?

LORD TALBOT. — Parbleu! madame, je crois même que nous sommes un peu parents [1]; je le vois toutes les fois que je crois qu'il ne [1270] m'ennuiera pas, c'est-à-dire une fois par an. — Il me dit toujours que j'ai des dettes, et pour mon usage je le trouve sot; mais en général on l'estime.

KITTY BELL. — Monsieur le docteur [2] m'a dit qu'il était plein de sagesse et de bienfaisance. [1275]

LORD TALBOT. — A vrai dire et à parler sérieusement, c'est le plus honnête homme des trois royaumes [3]. Si vous désirez de lui quelque chose... j'irai le voir ce soir même.

KITTY BELL. — Il y a, je crois, ici quelqu'un qui aura affaire à lui, et... (*Ici Chatterton descend de sa chambre avec les deux enfants.*) [1280]

JOHN BELL. — Que voulez-vous dire? Êtes-vous folle [4]?

KITTY BELL, *saluant.* — Rien que ce qu'il vous plaira.

LORD TALBOT. — Mais laissez-la parler, au moins.

LE QUAKER. — La seule ressource qui reste à Chatterton, c'est cette protection. [1285]

LORD TALBOT. — Est-ce pour lui? J'y cours.

JOHN BELL, *à sa femme.* — Comment donc savez-vous si bien ses affaires?

LE QUAKER. — Je les lui ai apprises, moi.

JOHN BELL, *à Kitty.* — Si jamais [5]!... [1290]

KITTY BELL. — Oh! ne vous emportez pas, monsieur! nous ne sommes pas seuls.

JOHN BELL. — Ne parlez plus de ce jeune homme. (*Ici, Chatterton, qui a remis les deux enfants entre les mains de leur mère, revient vers la cheminée.*) [1295]

---

1. Noter la désinvolture de Lord Talbot. — 2. Il s'agit du quaker. — 3. L'Angleterre, l'Écosse et l'Irlande. — 4. John Bell trouve incompréhensible l'attitude de sa femme. Pourquoi? — 5. Terminer la phrase.

KITTY BELL. — Comme vous l'ordonnerez.

JOHN BELL. — Milord, voici votre ami, vous saurez de lui-même ses sentiments.

Scène V. — CHATTERTON, LORD TALBOT, LE QUAKER, JOHN BELL, KITTY BELL. *Chatterton a l'air calme et presque heureux. Il jette sur un fauteuil quelques manuscrits.*

LORD TALBOT. — Tom [1], je reviens pour vous rendre un service; me le permettez-vous? 1300

CHATTERTON, *avec la douceur d'un enfant dans la voix, et ne cessant de regarder Kitty Bell pendant toute la scène.* — Je suis résigné, George, à tout ce que l'on voudra, à presque tout [2].

LORD TALBOT. — Vous avez donc une mauvaise affaire avec ce fripon de Skirner? Il veut vous faire arrêter demain. 1305

CHATTERTON. — Je ne le savais pas, mais il a raison.

JOHN BELL, *au quaker.* — Milord est trop bon pour lui; voyez son air de hauteur...

LORD TALBOT. — A-t-il raison?

CHATTERTON. — Il a raison selon la loi [3]. C'était hier que je devais le 1310 payer, ce devait être avec le prix d'un manuscrit inachevé, j'avais signé cette promesse; si j'ai eu du chagrin, si l'inspiration ne s'est pas présentée à l'heure dite, cela ne le regarde pas. Oui, je ne devais [4] pas compter à ce point sur mes forces et dater l'arrivée d'une muse et son départ comme on calcule la course 1315 d'un cheval. — J'ai manqué de respect à mon âme immortelle, je l'ai louée à l'heure et vendue. — C'est moi qui ai tort, je mérite ce qu'il en arrivera.

LE QUAKER, *à Kitty.* — Je gagerais qu'il leur semble fou! c'est trop beau pour eux. 1320

LORD TALBOT, *en riant, mais un peu piqué.* — Ah çà! c'est de peur d'être de mon avis que vous le défendez.

JOHN BELL. — C'est bien vrai, c'est pour contredire.

CHATTERTON. — Non... Je pense à présent que tout le monde a raison, excepté les Poètes. La Poésie est une maladie du cerveau. Je ne 1325 parle plus de moi, je suis guéri.

LE QUAKER, *à Kitty.* — Je n'aime pas qu'il dise cela.

---

1. Talbot use maintenant du diminutif; il fait preuve d'une amicale familiarité. — 2. Noter le *presque*. — 3. Formule déjà employée à deux reprises au premier acte (l. 68 et 134). — 4. Imparfait à valeur de conditionnel passé (usage latin et classique).

CHATTERTON. — Je n'écrirai plus un vers de ma vie, je vous le jure ; quelque chose qui arrive [1], je n'en écrirai plus un seul.

LE QUAKER, *ne le quittant pas des yeux.* — Hum ! il retombe. 1330

LORD TALBOT. — Est-il vrai que vous comptiez sur monsieur Beckford, sur mon vieux cousin ? Je suis surpris que vous n'ayez pas compté sur moi plutôt.

CHATTERTON. — Le lord-maire est à mes yeux le gouvernement, et le gouvernement est l'Angleterre, milord ; c'est sur l'Angleterre que 1335 je compte [2].

LORD TALBOT. — Malgré cela, je lui dirai ce que vous voudrez.

JOHN BELL. — Il ne le mérite guère.

LE QUAKER. — Bien ! voilà une rivalité de protections. Le vieux lord voudra mieux protéger que le jeune. Nous y gagnerons peut-être. 1340
(*On entend un roulement sur le pavé.*)

SCÈNE VI. — LES MÊMES, LE LORD-MAIRE. *Les jeunes lords descendent avec leurs serviettes à la main et en habit de chasse, pour voir le lord-maire. Six domestiques portant des torches entrent et se rangent en hâte* [3]. *On annonce le lord-maire.*

KITTY BELL. — Il vient lui-même, le lord-maire, pour monsieur Chatterton ! Rachel ! mes enfants ! quel bonheur ! embrassez-moi. (*Elle court à eux, et les baise avec transport* [4].)

JOHN BELL. — Les femmes ont des accès de folie inexplicables ! 1345

LE QUAKER, *à part.* — La mère donne à ses enfants un baiser d'amante sans le savoir.

M. BECKFORD, *parlant haut, et s'établissant pesamment et pompeusement dans un grand fauteuil.* — Ah ! ah ! voici, je crois, tous ceux que je cherchais réunis. — Ah ! John Bell, mon féal [5] ami, il fait bon 1350 vivre chez vous, ce me semble ! car j'y vois de joyeuses figures qui aiment le bruit et le désordre plus que de raison. — Mais c'est de leur âge.

JOHN BELL. — Milord, Votre Seigneurie est trop bonne de me faire l'honneur de venir dans ma maison une seconde fois. 1355

M. BECKFORD. — Oui, pardieu ! Bell, mon ami ; c'est la seconde fois que j'y viens… Ah ! les jolis enfants que voilà !… Oui, c'est la seconde fois, car la première, ce fut pour vous complimenter sur

---

1. Nous dirions aujourd'hui : quoi qu'il arrive. — 2. Noter le raisonnement. — 3. Quel est l'intérêt de ce cérémonial ? — 4. Noter cette exaltation. — 5. « Vieux mot utilisé dans les lettres royales » (Littré) ; implique l'idée de fidélité, de loyale allégeance.

le bel établissement de vos manufactures; et aujourd'hui je
trouve cette maison nouvelle plus belle que jamais [1]; c'est votre [1360]
petite femme qui l'administre, c'est très bien. — Mon cousin
Talbot, vous ne dites rien! Je vous ai dérangé, George; vous étiez
en fête avec vos amis, n'est-ce pas? Talbot, mon cousin, vous ne
serez jamais qu'un libertin [2]; mais c'est de votre âge [3].

---

1. Est-il tout à fait vraisemblable que, sous ce prétexte, le Lord-Maire vienne une seconde
fois chez John Bell? — 2. Avec la signification que le mot avait en France au XVIIIᵉ s. Cf.
l'œuvre graphique de Hogarth (1697-1764), *The Rake's Progress*. Car les libertins existaient en
Angleterre à la même époque. — 3. Expression toute faite dans la bouche du Lord-Maire. Elle
paraît servir d'excuse permanente à ce qu'il ne pardonnerait pas à d'autres.

■■

● **Chatterton : son orgueil et le sens de sa mission (sc. 5)** — *J'ai manqué
de respect à mon âme immortelle, je l'ai louée à l'heure et vendue*
(l. 1316-1317).

① Sur quoi se fonde ici l'orgueil de Chatterton? En quoi cette idée d'un
avilissement de l'âme ou de la pensée rejoint-elle ce qu'il disait dans son
monologue de la scène 1 (l. 952-954) à propos de la pensée et des
mots? Peut-on y voir le reflet des conceptions de Vigny lui-même?

... c'est sur l'Angleterre que je compte (l. 1335-36).

② A quel passage de la préface ces paroles peuvent-elles se rattacher?
A quel titre le poète peut-il « compter » sur son pays? Quelle est la
conception du rôle de l'écrivain qui se manifeste ici?

③ Montrez ce qu'ont d'un peu contestable ces deux aspects de l'orgueil
du poète.

● **L'intérêt dramatique (sc. 5)**

④ Étudiez le rôle de Talbot dans l'action.

⑤ Quelle portée faut-il attribuer à la réplique du quaker (l. 1327)?
Je n'aime pas qu'il dise cela.

● **L'arrivée du Lord-Maire (sc. 6)** — Cet épisode tient une grande place
dans *Stello*, et Vigny y insiste également (chap. XVII) sur l'apparat
qui entoure l'arrivée de Lord Beckford :

On entendit rouler avec fracas un carrosse lourd et doré [...]. Les laquais portaient
des torches devant les chevaux et derrière la voiture; nécessaire précaution, car
il était deux heures après-midi à l'horloge de Saint-Paul. « The Lord-Mayor!
Lord-Mayor! » s'écria tout à coup Kitty en frappant ses mains l'une contre l'autre
avec une joie qui fit devenir ses joues enflammées et ses yeux brillants de mille
douces lumières.

Le texte ajoute :

... et par un instinct maternel inexplicable, elle courut embrasser ses enfants,
elle qui avait une joie d'amante.

⑥ Montrez la transformation que subit cette phrase dans le drame
(l. 1346-47).

■■

LORD TALBOT. — Ne vous occupez pas de moi, mon cher lord.   1365

LORD LAUDERDALE. — C'est ce que nous lui disons tous les jours,
milord [1].

M. BECKFORD. — Et vous aussi, Lauderdale, et vous, Kingston?
toujours avec lui? toujours des nuits passées à chanter, à jouer
et à boire? Vous ferez tous une mauvaise fin [2], mais je ne vous 1370
en veux pas, chacun a le droit de dépenser sa fortune comme il
l'entend. — John Bell, n'avez-vous pas chez vous un jeune homme
nommé Chatterton, pour qui j'ai voulu venir moi-même?

CHATTERTON. — C'est moi, milord, qui vous ai écrit.

M. BECKFORD. — Ah! c'est vous, mon cher! Venez donc ici un peu, 1375
que je vous voie en face. J'ai connu votre père, un digne homme
s'il en fut; un pauvre soldat, mais qui avait bravement fait son
chemin. Ah! c'est vous qui êtes Thomas Chatterton? Vous vous
êtes amusé à faire des vers, mon petit ami; c'est bon pour une fois,
mais il ne faut pas continuer. Il n'y a personne qui n'ait eu cette 1380
fantaisie. Hé! hé! j'ai fait comme vous dans mon printemps, et
jamais Littleton, Swift et Wilkes [3] n'ont écrit pour les belles dames
des vers plus galants et plus badins que les miens.

CHATTERTON. — Je n'en doute pas, milord.

M. BECKFORD. — Mais je ne donnais aux Muses que le temps perdu. 1385
Je savais bien ce qu'en dit Ben Johnson [4] : que la plus belle Muse
du monde ne peut suffire à nourrir son homme, et qu'il faut avoir
ces demoiselles-là pour maîtresses, mais jamais pour femmes [5].
(*Lauderdale, Kingston et les lords rient.*)

LAUDERDALE. — Bravo, milord! c'est bien vrai!   1390

LE QUAKER, *à part.* — Il veut le tuer à petit feu.

CHATTERTON. — Rien de plus vrai, je le vois aujourd'hui, milord.

M. BECKFORD. — Votre histoire est celle de mille jeunes gens; vous
n'avez rien pu faire que vos maudits vers, et à quoi sont-ils bons,
je vous prie? Je vous parle en père, moi... à quoi sont-ils bons? — 1395
Un bon Anglais doit être utile au pays. — Voyons un peu, quelle
idée vous faites-vous de nos devoirs à tous, tant que nous sommes?

CHATTERTON, *à part.* — Pour elle [6]! pour elle! je boirai le calice
jusqu'à la lie. (*Haut.*) Je crois les comprendre, milord. — L'Angleterre est un vaisseau. Notre île en a la forme : la proue tournée 1400
au nord, elle est comme à l'ancre, au milieu des mers, surveillant

---

1. Terme de rigueur, moins familier que le *mon cher lord* de Talbot. — 2. Vous mourrez
dans le péché, l'impénitence. — 3. *Littleton* : homme politique, historien et poète, mort en 1773;
Swift : le célèbre auteur de *Gulliver's Travels* (1665-1745); *Wilkes* : pamphlétaire qui fut exilé
et mourut en 1797. — 4. L'auteur de *Volpone*, mort en 1637. — 5. Lord Beckford use d'une
métaphore qui ne peut qu'agréer aux libertins qui l'entourent. — 6. Kitty Bell.

le continent. Sans cesse elle tire de ses flancs d'autres vaisseaux
faits à son image, et qui vont la représenter sur toutes les côtes
du monde. Mais c'est à bord du grand navire qu'est notre ouvrage
à tous. Le roi, les lords, les communes [1] sont au pavillon, au 1405
gouvernail et à la boussole; nous autres, nous devons tous avoir
les mains aux cordages, monter aux mâts, tendre les voiles et
charger les canons; nous sommes tous de l'équipage, et nul n'est
inutile dans la manœuvre de notre glorieux navire.

M. BECKFORD. — Pas mal! pas mal! quoiqu'il fasse encore de la 1410
poésie; mais, en admettant votre idée, vous voyez que j'ai encore
raison. Que diable peut faire le Poète dans la manœuvre? (*Un
moment d'attente.*)

CHATTERTON. — Il lit dans les astres la route que nous montre le doigt
du Seigneur.   1415

LORD TALBOT. — Qu'en dites-vous, milord? Lui donnez-vous tort?
Le pilote n'est pas inutile.

M. BECKFORD. — Imagination, mon cher! ou folie, c'est la même
chose; vous n'êtes bon à rien, et vous vous êtes rendu tel par ces
billevesées. — J'ai des renseignements sur vous... à vous parler 1420
franchement... et...

---

1. C'est la hiérarchie traditionnelle des institutions britanniques, aujourd'hui encore : le
roi (ou la reine), la Chambre des Lords et la Chambre des Communes.

● **Le Lord-Maire**

① Que représentent respectivement à ses yeux John Bell, Lord Talbot
et Chatterton? Pourquoi se montre-t-il indulgent à l'égard des jeunes
lords et sévère envers le poète?

● **La réponse de Chatterton** figure déjà presque textuellement dans *Stello*.
Vigny devait tenir à la forme qu'il lui a donnée.

② Étudiez l'emploi du symbole dans les l. 1399-1409 (cohérence de la
métaphore, justesse du ton). Si l'image est ancienne et remonte à Platon,
son emploi est l'un des plus précis que l'on connaisse. A la même
époque, Lamartine disait du poète dans *Utopie* :

> *Il descend sur le pont où l'équipage roule,*
> *Met la main au cordage et lutte avec la houle.*

③ Comment imaginez-vous ce qui se passe sur la scène pendant le
moment d'attente (l. 1413)? On lit à ce sujet, dans *Stello* :

Chatterton resta dans sa première immobilité; c'était celle d'un homme absorbé
par un travail intérieur qui ne cesse jamais et qui lui fait voir des ombres sur ses pas.
Il leva seulement les yeux au plafond et dit : « Le poète cherche aux étoiles quelle
route nous montre le doigt du Seigneur. »

④ La définition finale : *Il lit dans les astres...*, l. 1414-15 :
a) Comment Vigny l'a-t-il améliorée en la faisant passer du récit au
drame? b) Elle définit la mission du poète; comparez cette définition à
celles que nous proposent les autres romantiques.

LORD TALBOT. — Milord, c'est un de mes amis, et vous m'obligerez en le traitant bien...

M. BECKFORD. — Oh! vous vous y intéressez, George? Eh bien, vous serez content; j'ai fait quelque chose pour votre protégé, malgré [1425] les recherches de Bale [1]... Chatterton ne sait pas qu'on a découvert ses petites ruses de manuscrit; mais elles sont bien innocentes, et je les lui pardonne de bon cœur. Le *Magisterial* est un bien bon écrit; je vous l'apporte pour vous convertir, avec une lettre où vous trouverez mes propositions : il s'agit de cent livres sterling [2] [1430] par an. — Ne faites pas le dédaigneux, mon enfant : que diable! votre père n'était pas sorti de la côte d'Adam [3], il n'était pas frère du roi, votre père; et vous n'êtes bon à rien qu'à ce qu'on vous propose, en vérité. C'est un commencement; vous ne me quitterez pas, et je vous surveillerai de près. (*Kitty Bell supplie Chatterton,* [1435] *par un regard, de ne pas refuser. Elle a deviné son hésitation.*)

CHATTERTON *hésite un moment puis après avoir regardé Kitty.* — Je consens à tout, milord.

LORD LAUDERDALE. — Que milord est bon!

JOHN BELL. — Voulez-vous accepter le premier toast [4], milord? [1440]

KITTY BELL, *à sa fille.* — Allez lui baiser la main.

LE QUAKER, *serrant la main à Chatterton.* — Bien, mon ami, tu as été courageux.

LORD TALBOT. — J'étais sûr de mon gros cousin Tom. — Allons, j'ai fait tant, qu'il est à bon port. [1445]

M. BECKFORD. — John Bell, mon honorable Bell, conduisez-moi au souper de ces jeunes fous, que je les voie se mettre à table. — Cela me rajeunira.

LORD TALBOT. — Parbleu! tout ira, jusqu'au quaker. — Ma foi, milord, que ce soit par vous ou par moi, voilà Chatterton [1450] tranquille; allons... n'y pensons plus.

JOHN BELL. — Nous allons tous conduire milord. (*A Kitty Bell.*) Vous allez revenir faire les honneurs, je le veux. (*Elle va vers sa chambre.*)

CHATTERTON, *au quaker.* — N'ai-je pas fait tout ce que vous vouliez? [1455] (*Tout haut, à M. Beckford.*) Milord, je suis à vous tout à l'heure, j'ai quelques papiers à brûler.

M. BECKFORD. — Bien, bien!... Il se corrige de la poésie, c'est bien. (*Ils sortent.*)

---

1. Personnage imaginaire, comme l'est l'ouvrage nommé *Magisterial*, cité à la l. 1428. — 2. Revenu convenable (2 500 francs du XVIIIe siècle), une situation *honorable* dira Chatterton (l. 1472). — 3. Expression familière inspirée de la Bible : Dieu, dit la *Genèse*, forma Ève d'une *côte d'Adam.* Lord Beckford veut signifier à Chatterton qu'il n'est pas d'illustre extraction. — 4. Le fait de boire à la santé de quelqu'un.

JOHN BELL, *revient à sa femme brusquement.* — Mais rentrez donc ¹⁴⁶⁰ chez vous, et souvenez-vous que je vous attends. (*Kitty Bell s'arrête sur la porte un moment, et regarde Chatterton avec inquiétude.*)

KITTY BELL, *à part.* — Pourquoi veut-il rester seul, mon Dieu? (*Elle sort avec ses enfants, et porte le plus jeune dans ses bras.*) ¹⁴⁶⁵

● **Le rôle de Lord Talbot** — Très habilement, Vigny lui a partiellement confié le rôle qu'il avait assigné dans *Stello* au Docteur Noir.

① Que faut-il penser de son intervention en faveur de Chatterton? En quoi est-elle inconsciemment maladroite? La réflexion qu'il fait sur son *gros cousin Tom* (l. 1444) confirme-t-elle ce que nous savions déjà de son caractère?

● **L'attitude de Lord Beckford**

② Indiquez en quoi elle se modifie après l'intervention de Lord Talbot.

③ Dans *Stello* (chap. 17), le Lord-Maire, après la réponse du poète, exprime sa mauvaise humeur bien plus longuement, n'étant pas interrompu comme dans le drame :

Imagination! dit M. Beckford, toujours l'imagination au lieu du bon sens et du jugement! Pour être Poète à la façon lyrique et somnambule dont vous l'êtes, il faudrait vivre sous le ciel de Grèce, marcher avec des sandales, une chlamyde et les jambes nues, et faire danser les pierres avec le psaltérion. Mais avec des bottes crottées, un chapeau à trois cornes, un habit et une veste, il ne faut guère espérer se faire suivre dans les rues par le moindre caillou, et exercer le plus petit pontificat ou la plus légère direction morale sur ses concitoyens. — La poésie est à nos yeux une étude de style assez intéressante à observer, et faite quelquefois par des gens d'esprit; mais qui la prend au sérieux? quelque sot!

Si Vigny avait conservé ce passage dans *Chatterton*, aurions-nous tout à fait la même opinion de M. Beckford? Pourquoi?

● **Une scène vivante**

④ Faites-en le plan. Soulignez la souplesse avec laquelle s'enchaînent les épisodes successifs de la conversation.

⑤ Le pittoresque et la couleur locale.

⑥ Tous les personnages se trouvent sur la scène, et pourtant, à aucun moment on n'éprouve la moindre impression de confusion. A quoi cela tient-il, selon vous? Faites un croquis représentant la position des personnages sur la scène telle que vous l'imaginez, par exemple à la ligne 1438.

● **L'action** — Malgré les apparences, cette scène est capitale du point de vue de l'action.

⑦ Pourquoi?

⑧ Étudiez de près les dernières répliques. Qui sommes-nous tentés d'écouter? M. Beckford (l. 1458) quand il exprime sa satisfaction, ou Kitty Bell lorsqu'elle laisse échapper son sentiment d'inquiétude?

SCÈNE VII. — CHATTERTON, *seul, se promenant.*

Allez, mes bons amis [1]. — Il est bien étonnant que ma destinée change ainsi tout à coup. J'ai peine à m'y fier; pourtant les apparences y sont. — Je tiens là ma fortune. — Qu'a voulu dire cet homme en parlant de mes ruses? Ah! toujours ce qu'ils disent tous. Ils ont deviné ce que je leur avouais moi-même, que je suis l'auteur [1470] de mon livre. Finesse grossière! Je les reconnais là! Que sera cette place? quelque emploi de commis? Tant mieux, cela est honorable! Je pourrai vivre sans écrire les choses communes qui font vivre. — Le quaker rentrera dans la paix de son âme que j'ai troublée, et elle! Kitty Bell, je ne la tuerai pas, s'il est vrai que je l'eusse tuée. — [1475] Dois-je le croire? J'en doute : ce que l'on renferme toujours ainsi est peu violent; et, pour être si aimante, son âme est bien maternelle. N'importe, cela vaut mieux, et je ne la verrai plus. C'est convenu... autant eût valu me tuer. Un corps est aisé à cacher. — On ne le lui eût pas dit. Le quaker y eût veillé, il pense à tout. Et à présent, pourquoi [1480] vivre? pour qui?... — Pour qu'elle vive, c'est assez [2]... Allons... arrêtez-vous, idées noires, ne revenez pas... Lisons ceci... (*Il lit le journal.*) « *Chatterton n'est pas l'auteur de ses œuvres... Voilà qui est bien prouvé. — Ces poèmes admirables sont réellement d'un moine nommé Rowley, qui les avait traduits d'un autre moine du dixième siècle,* [1485] *nommé Turgot... Cette imposture, pardonnable à un écolier, serait criminelle plus tard... Signé... Bale...* » Bale? Qu'est-ce que cela? Que lui ai-je fait? — De quel égout sort ce serpent?

Quoi! mon nom est étouffé! ma gloire éteinte! mon honneur perdu! — Voilà le juge!... le bienfaiteur! Voyons, qu'offre-t-il? (*Il décachète* [1490] *la lettre, lit... et s'écrie avec indignation :*) Une place de premier valet de chambre dans sa maison!...

Ah! pays damné! terre du dédain! sois maudite à jamais! (*Prenant la fiole d'opium.*) Ô mon âme, je t'avais vendue [3]! je te rachète avec ceci. (*Il boit l'opium* [4].) Skirner sera payé [5]. — Libre de tous! égal à [1495] tous, à présent! — Salut, première heure de repos que j'aie goûtée! — Dernière heure de ma vie, aurore du jour éternel, salut! — Adieu, humiliations, haines, sarcasmes, travaux dégradants, incertitudes, angoisses, misères, tortures du cœur, adieu! Oh! quel bonheur, je vous dis adieu! — Si l'on savait! si l'on savait ce bonheur que j'ai... on [1500] n'hésiterait pas si longtemps! (*Ici, après un instant de recueillement durant lequel son visage prend une expression de béatitude, il joint les mains et poursuit.*) Ô Mort, ange de délivrance, que ta paix est douce!

---

1. A prendre dans un sens ironique. — 2. Voir (acte II, sc. 5, l. 843-857) l'appel que le quaker adressait à la pitié de Kitty. — 3. Rappel de la scène 5. — 4. Le vrai Chatterton s'empoisonna à l'arsenic. — 5. Puisque le poète a vendu son cadavre à l'École de chirurgie, comme nous l'a appris Lord Talbot (III, 4, l. 1238-45).

j'avais bien raison de t'adorer, mais je n'avais pas la force de te conquérir. — Je sais que tes pas seront lents et sûrs. Regarde-moi, ¹⁵⁰⁵ ange sévère, leur ôter à tous la trace de mes pas sur la terre. *(Il jette au feu tous ses papiers.)* Allez, nobles pensées écrites pour tous ces ingrats dédaigneux, purifiez-vous dans la flamme et remontez au ciel avec moi! *(Il lève les yeux au ciel, et déchire lentement ses poèmes, dans l'attitude grave et exaltée d'un homme qui fait un sacrifice solennel¹.)* ¹⁵¹⁰

---

1. On notera l'importance prise dans ce passage par les indications scéniques. Vigny, rappelons-le, assura la mise en scène de sa pièce.

● **Un monologue qui est action, et dénouement** — A la différence de ce qui se passe dans *Stello*, la réponse à la lettre de Chatterton est connue de nous en même temps que du poète. Mais celui-ci tarde quelque peu à en prendre connaissance.

① Ce délai vous paraît-il vraisemblable? Pourquoi? Que nous révèle-t-il sur l'état d'esprit de Chatterton?

② Indiquez la composition du passage. En quoi est-elle à la fois psychologique et dramatique?

③ Étudiez la différence de ton entre les l. 1466-1501 et les l. 1503-1510. Comment la justifiez-vous?

④ Nous avons là l'illustration de la formule par laquelle Vigny résumait (voir p. 48, l. 322-324) l'action de sa pièce : « C'est l'histoire d'un homme qui a écrit une lettre le matin et qui attend la réponse jusqu'au soir; elle arrive, et le tue. » Peut-on dire toutefois que l'action soit vraiment à son terme au moment où le poète boit l'opium? Ne lui manque-t-il pas son véritable couronnement?

● **Une scène romantique**, à la fois par la recherche des effets (lecture du journal, puis de la lettre) et par le geste de mort accompli devant les spectateurs.

⑤ N'y a-t-il pas cependant des tragédies classiques dans lesquelles, à l'heure du dénouement, les personnages boivent le poison sur la scène, ou viennent y mourir après l'avoir bu? Lesquelles?
Romantique aussi est l'accueil fait à la mort par le poète; une mort presque déifiée, du moins présentée sous la forme d'un *ange de délivrance* (l. 1503).

⑥ Expliquez en détail les lignes 1503-1510; dégagez-en l'aspect à la fois lyrique et oratoire (place des mots, invocations).

⑦ Comparez avec des attitudes voisines chez d'autres écrivains du XIXᵉ siècle : Lamartine dans *l'Immortalité* (« Tu n'anéantis pas, tu délivres; ta main, Céleste messager, porte un flambeau divin »); Hugo dans *Mors* (quand il évoque l'« ange souriant » qui porte la « gerbe d'âmes »); Baudelaire dans *la Mort des pauvres* (« C'est la mort qui console, hélas! et qui fait vivre... »).

SCÈNE VIII. — CHATTERTON, KITTY BELL. *Kitty Bell sort lentement de sa chambre, s'arrête, observe Chatterton, et va se placer entre la cheminée et lui. — Il cesse tout à coup de déchirer ses papiers.*

KITTY BELL, *à part.* — Que fait-il donc? Je n'oserai jamais lui parler. Que brûle-t-il? Cette flamme me fait peur, et son visage éclairé par elle est lugubre. (*A Chatterton.*) N'allez-vous pas rejoindre milord [1]?

CHATTERTON *laisse tomber ses papiers : tout son corps frémit.* — Déjà [2]. [1515] — Ah! c'est vous! — Ah! madame! à genoux [3] ! par pitié! oubliez-moi.

KITTY BELL. — Eh! mon Dieu! pourquoi cela? qu'avez-vous fait?

CHATTERTON. — Je vais partir [4]. — Adieu! Tenez, madame, il ne faut pas que les femmes soient dupes de nous plus longtemps. Les [1520] passions des poètes n'existent qu'à peine. On ne doit pas aimer ces gens-là; franchement, ils n'aiment rien : ce sont tous des égoïstes. Le cerveau se nourrit aux dépens du cœur. Ne les lisez jamais et ne les voyez pas; moi, j'ai été plus mauvais qu'eux tous.

KITTY BELL. — Mon Dieu! pourquoi dites-vous : « J'ai été »? [1525]

CHATTERTON. — Parce que je ne veux plus être poète; vous le voyez, j'ai déchiré tout. — Ce que je serai ne vaudra guère mieux, mais nous verrons. Adieu! — Écoutez-moi! Vous avez une famille charmante; aimez-vous vos enfants?

KITTY BELL. — Plus que ma vie, assurément. [1530]

CHATTERTON. — Aimez donc votre vie pour ceux à qui vous l'avez donnée.

KITTY BELL. — Hélas! ce n'est que pour eux que je l'aime.

CHATTERTON. — Eh! quoi de plus beau dans le monde, ô Kitty Bell! Avec ces anges sur vos genoux, vous ressemblez à la divine [1535] Charité [5].

KITTY BELL. — Ils me quitteront un jour.

CHATTERTON. — Rien ne vaut cela [6] pour vous! — C'est là le vrai dans la vie [7] ! Voilà un amour sans trouble et sans peur. En eux est le sang de votre sang, l'âme de votre âme : aimez-les, madame, [1540] uniquement et par-dessus tout. Promettez-le-moi!

---

1. Le Lord-Maire. — 2. Il se parle à lui-même et constate que les effets du poison se font *déjà* sentir. — 3. Je vous le demande *à genoux.* — 4. Noter l'ambiguïté de la formule. — 5. On pense généralement qu'il y a, dans cette réplique, une allusion au tableau (voir à la page 120) de *la Charité* par Andrea del Sarto. — 6. Cette vie avec et pour ses enfants. — 7. Cette insistance ne peut-elle être interprétée comme un reflet de la mélancolie de Vigny, qui ne put avoir de postérité?

KITTY BELL. — Mon Dieu! vos yeux sont pleins de larmes, et vous souriez.

CHATTERTON. — Puissent vos beaux yeux ne jamais pleurer et vos lèvres sourire sans cesse! Ô Kitty [1]! ne laissez entrer en vous aucun 1545 chagrin étranger à votre paisible famille.

KITTY BELL. — Hélas! cela dépend-il de nous?

CHATTERTON. — Oui! oui!... Il y a des idées avec lesquelles on peut fermer son cœur. — Demandez au quaker, il vous en donnera. — Je n'ai pas le temps, moi; laissez-moi sortir. (*Il marche vers sa* 1550 *chambre.*)

KITTY BELL. — Mon Dieu! comme vous souffrez!

CHATTERTON. — Au contraire. — Je suis guéri. — Seulement, j'ai la tête brûlante. Ah! bonté! bonté! tu me fais plus de mal que leurs noirceurs [2]. 1555

KITTY BELL. — De quelle bonté parlez-vous? Est-ce de la vôtre?

CHATTERTON. — Les femmes sont dupes de leur bonté. C'est par bonté que vous êtes venue. On vous attend là-haut! J'en suis certain. Que faite-vous ici?

KITTY BELL, *émue profondément, et l'œil hagard.* — A présent, quand 1560 toute la terre m'attendrait, j'y resterais.

CHATTERTON. — Tout à l'heure je vous suivrai. — Adieu! adieu!

KITTY BELL. *l'arrêtant.* — Vous ne viendrez-pas?

CHATTERTON. — J'irai. — J'irai.

KITTY BELL. — Oh! vous ne voulez pas venir. 1565

CHATTERTON. — Madame, cette maison est à vous, mais cette heure m'appartient.

---

1. Maintenant qu'il va mourir, il peut se permettre de l'appeler par son prénom. — 2. Celles de ses ennemis.

■■■

● **Cette rencontre aux portes de la mort,** nous l'attendions depuis le deuxième acte : depuis que le quaker avait provoqué la pitié de la jeune femme, et lui avait révélé les sentiments de Chatterton ; depuis aussi que, dans une scène parallèle, il avait, à l'acte III, dévoilé à Chatterton l'amour que Kitty éprouvait pour lui. La pudeur, et les circonstances, favorisées par l'adroit dramaturge qu'est Vigny, ont retardé cette entrevue jusqu'au moment où elle prend une valeur inattendue.

① Comment expliquez-vous les réponses ambiguës de Chatterton à Kitty Bell? De quelles paroles du quaker (III,2) paraît-il se souvenir ici?

② Quel sens donnez-vous à l'expression ... *cette heure m'appartient?*

■■■

KITTY BELL. — Qu'en voulez-vous faire?

CHATTERTON. — Laissez-moi, Kitty. Les hommes ont des moments où ils ne peuvent plus se courber à votre taille et s'adoucir la voix [1570] pour vous... Kitty Bell, laissez-moi.

KITTY BELL. — Jamais je ne serai heureuse si je vous laisse ainsi, monsieur.

CHATTERTON. — Venez-vous pour ma punition? Quel mauvais génie vous envoie? [1575]

KITTY BELL. — Une épouvante [1] inexplicable.

CHATTERTON. — Vous serez plus épouvantée si vous restez.

KITTY BELL. — Avez-vous de mauvais desseins [2], grand Dieu?

CHATTERTON. — Ne vous en ai-je pas dit assez? Comment êtes-vous là?

KITTY BELL. — Eh! comment n'y serais-je plus? [1580]

CHATTERTON. — Parce que je vous aime, Kitty.

KITTY BELL. — Ah! monsieur, si vous me le dites, c'est que vous voulez mourir.

CHATTERTON. — J'en ai le droit, de mourir. — Je le jure devant vous, et je le soutiendrai devant Dieu! [1585]

KITTY BELL. — Et moi, je vous jure que c'est un crime : ne le commettez pas.

CHATTERTON. — Il le faut, Kitty, je suis condamné.

KITTY BELL. — Attendez seulement un jour pour penser à votre âme.

CHATTERTON. — Il n'y a rien que je n'aie pensé, Kitty. [1590]

KITTY BELL. — Une heure seulement pour prier.

CHATTERTON. — Je ne peux plus prier.

KITTY BELL. — Et moi, je vous prie pour moi-même. Cela me tuera.

CHATTERTON. — Je vous ai avertie! il n'est plus temps.

KITTY BELL. — Et si je vous aime, moi! [1595]

CHATTERTON. — Je l'ai vu, et c'est pour cela que j'ai bien fait de mourir; c'est pour cela que Dieu peut me pardonner.

KITTY BELL. — Qu'avez-vous donc fait?

CHATTERTON. — Il n'est plus temps, Kitty; c'est un mort qui vous parle. [1600]

---

1. Le mot avait déjà été employé à l'acte II (sc. 5, l. 821). — 2. L'expression est plutôt utilisée, d'ordinaire, pour parler des desseins que l'on conçoit contre autrui.

KITTY BELL, *à genoux, les mains au ciel.* — Puissances du ciel! grâce pour lui!

CHATTERTON. — Allez-vous-en... Adieu!

KITTY BELL, *tombant.* — Je ne le puis plus...

CHATTERTON. — Eh bien donc! prie pour moi sur la terre et dans le [1605] ciel. (*Il la baise au front et remonte l'escalier en chancelant : il ouvre sa porte et tombe dans sa chambre.*)

KITTY BELL. — Ah! — Grand Dieu! (*Elle trouve la fiole.*) Qu'est-ce que cela? — Mon Dieu! pardonnez-lui.

■■

● **Un double aveu** — Chatterton avouera d'abord son amour, et ensuite son geste fatal. Mais c'est *parce qu'*il a accompli ce geste qu'il se sent le droit de révéler ses sentiments à Kitty.

Ah! monsieur, si vous me le dites, c'est que vous voulez mourir. (l. 1582-1583).

① Qu'exprime cette exclamation pathétique? Que nous indique-t-elle sur la lucidité de la jeune femme et sa profonde compréhension de Chatterton? Pourquoi celui-ci ne lui répond-il pas directement?

② A quel moment la jeune femme laisse-t-elle échapper son propre aveu? En quoi la forme qu'elle lui donne sauvegarde-t-elle sa pudeur?

③ Chatterton justifie-t-il son suicide de la même manière qu'en présence du quaker? Pourquoi? Quelle signification convient-il d'attribuer à la phrase : *Je l'ai vu, et c'est pour cela que j'ai bien fait de mourir* (l. 1596)?

④ Montrez que les dernières répliques expriment la sublimation de l'amour des deux jeunes gens; le tutoiement, signe de la passion à son paroxysme, prend ici une valeur « transposée »; pourquoi?

⑤ Vous exposerez comment *Chatterton* illustre ces considérations de M. Denis de Rougemont (*L'Amour et l'Occident*, p. 44) :

L'amour heureux n'a pas d'histoire *dans la littérature occidentale*. Et l'amour vrai qui n'est pas réciproque ne passe point pour un amour vrai. La grande trouvaille des poètes de l'Europe, ce qui les distingue avant tout dans la littérature mondiale, ce qui exprime le plus profondément l'obsession de l'Européen : connaître à travers la douleur, c'est le secret du mythe de Tristan, l'amour-passion à la fois partagé et combattu, anxieux d'un bonheur qu'il repousse, magnifié par sa catastrophe, *l'amour réciproque malheureux*.

Voir ce qu'écrit à ce sujet Vigny lui-même dans son *Journal* (1832) :

Tous ces amours de Werther, Paul, Roméo, des Grieux, paraissent aux femmes très profonds et inimitables, mais cela vient de ce qu'ils furent malheureux [...]. Ce n'est donc pas l'*amour* qui vous intéresse, c'est le malheur. Sans la lutte contre la destinée, cet amour n'intéresserait pas [...]. Mais la multitude s'y trompera toujours; elle croira toujours les grandes passions malheureuses plus grandes que les grandes passions heureuses.

■■

Scène IX. — KITTY BELL, LE QUAKER.

LE QUAKER, *accourant.* — Vous êtes perdue [1]... Que faites-vous ici? 1610

KITTY BELL, *renversée sur les marches de l'escalier.* — Montez vite! montez, monsieur, il va mourir; sauvez-le... s'il est temps. (*Tandis que le quaker s'achemine vers l'escalier, Kitty Bell cherche à voir, à travers les portes vitrées, s'il n'y a personne qui puisse donner du secours : puis, ne voyant rien, elle suit le quaker avec terreur, en* 1615 *écoutant le bruit de la chambre de Chatterton.*)

LE QUAKER, *en montant à grands pas, à Kitty Bell.* — Reste, reste, mon enfant, ne me suis pas. (*Il entre chez Chatterton et s'enferme avec lui. On devine des soupirs de Chatterton et des paroles d'encouragement du quaker. Kitty Bell monte, à demi évanouie, en s'accrochant* 1620 *à la rampe à chaque marche : elle fait un effort pour tirer à elle la porte, qui résiste et s'ouvre enfin. On voit Chatterton mourant et tombé sur le bras du quaker. Elle crie, glisse à demi morte sur la rampe de l'escalier, et tombe sur la dernière marche* [2]. *— On entend John Bell appeler de la salle voisine.*) 1625

JOHN BELL. — Mistress Bell! (*Kitty se lève tout à coup comme par ressort.*)

JOHN BELL, *une seconde fois.* — Mistress Bell! (*Elle se met en marche et vient s'asseoir, lisant sa Bible et balbutiant tout bas des paroles qu'on n'entend pas. Ses enfants accourent et s'attachent à sa robe.*) 1630

LE QUAKER, *du haut de l'escalier.* — L'a-t-elle vu mourir? l'a-t-elle vu? (*Il va près d'elle.*) Ma fille! ma fille!

JOHN BELL, *entrant violemment, et montant deux marches de l'escalier.* — Que fait-elle ici? Où est ce jeune homme? Ma volonté est qu'on l'emmène! 1635

LE QUAKER. — Dites qu'on l'emporte [3], il est mort.

JOHN BELL. — Mort?

LE QUAKER. — Oui, mort à dix-huit ans! Vous l'avez tous si bien reçu, étonnez-vous qu'il soit parti!

JOHN BELL. — Mais... 1640

LE QUAKER. — Arrêtez, monsieur, c'est assez d'effroi pour une femme. (*Il regarde Kitty et la voit mourante.*) Monsieur, emmenez ses enfants! Vite, qu'ils ne la voient pas. (*Il arrache les enfants des pieds*

---

1. Le quaker n'a pas oublié les injonctions de John Bell à sa femme : *rentrez donc chez vous* (III, 6, l. 1460). — 2. C'est à ce moment-là que Marie Dorval accomplit son fameux jeu de scène : voir p. 31. — 3. Jeu de mots assez sinistre.

de Kitty, les passe à John Bell, et prend leur mère dans ses bras. John Bell les prend à part, et reste stupéfait. Kitty Bell meurt dans[1645] *les bras du quaker.)*

JOHN BELL, *avec épouvante.* — Eh bien! eh bien! Kitty[1], Kitty! qu'avez-vous? (*Il s'arrête en voyant le quaker s'agenouiller.*)

LE QUAKER, *à genoux.* — Oh! dans ton sein! dans ton sein, Seigneur, reçois ces deux martyrs. (*Le quaker reste à genoux, les yeux tournés*[1650] *vers le ciel, jusqu'à ce que le rideau soit baissé.*)

---

1. Il retrouve, trop tard, la tendresse d'expression du diminutif.

● **Un dénouement mélodramatique...**

① Relevez et classez les éléments mélodramatiques : effets de surprise, répliques, jeux de scène.

② Cet aspect du dénouement vous paraît-il cependant supportable? Pourquoi?

③ Vous commenterez cette remarque du *Journal d'un poète* (novembre 1835) : « Je voulais qu'on dît de *Chatterton* : c'est vrai, et non : c'est beau ».

● **... mais aussi tragique...**

④ La terreur et la pitié. Comment se manifestent-elles dans cette scène?

⑤ La mort de Kitty Bell. Nous étions préparés depuis longtemps (comment?) à cette défaillance fatale. Mais, si elle meurt d'émotion, ce n'est là que sa mort « visible »; en réalité, elle rejoint dans la mort celui qu'elle aimait et qu'elle ne pouvait aimer dans la vie. Songez à la mort de la belle Aude, à celle d'Yseut, et à celle de la « fiancée du timbalier », évoquée par Hugo dans les *Odes et Ballades* (1826). (Il cite en épigraphe le vers de Desportes : « Douce est la mort qui vient en bien aimant ».)
Montrez la pureté tragique de la mort de Kitty Bell.

● **... et moral** — Vigny, qui se disait « moraliste épique », est aussi moraliste au théâtre.

⑥ Étudiez à ce sujet le rôle du quaker. Que pensez-vous de l'humour de ses expressions (l. 1636-1639)? Commentez la dure leçon qu'il formule (l. 1638) :
Vous l'avez tous si bien reçu, étonnez-vous qu'il soit parti!

⑦ Après cette scène, quelle attitude sommes-nous tentés d'avoir à l'égard du suicide? de ses causes? Pensez-vous que Vigny ait atteint le but qu'il visait, et que le « martyre » de Chatterton puisse prendre à vos yeux une valeur exemplaire? En bref, Vigny est-il parvenu à arracher votre conviction?

CHATTERTON à Kitty Bell. — *Avec ces anges sur vos genoux, vous ressemblez à la divine Charité !* (III, 8, l. 1529-30)

La Charité, d'Andrea del Sarto (Musée du Louvre)

SUR LES REPRÉSENTATIONS
DU DRAME

Joué le 12 février 1835, a la Comédie-Française

1   *Ce n'est pas à moi qu'il appartient de parler du succès de ce drame ;*
il a été au-delà des espérances les plus exagérées de ceux qui voulaient
bien le souhaiter. Malgré la conscience qu'on ne peut s'empêcher d'avoir
de ce qu'il y a de passager dans l'éclat du théâtre, il y a aussi quelque
chose de grand, de grave et presque religieux dans cette alliance contractée
avec l'assemblée dont on est entendu, et c'est une solennelle récompense
des fatigues de l'esprit. — Aussi serait-il injuste de ne pas nommer les
interprètes à qui l'on a confié ses idées dans un livre qui sera plus
durable que les représentations du drame qu'il renferme. Pour moi, j'ai
10 *toujours pensé que l'on ne saurait rendre trop hautement justice aux*
acteurs, eux dont l'art difficile s'unit à celui du poète dramatique, et
complète son œuvre. — Ils parlent, ils combattent pour lui, et offrent leur
poitrine aux coups qu'il va recevoir peut-être ; ils vont à la conquête de
la gloire solide qu'il conserve, et n'ont pour eux que celle d'un moment.
Séparés du monde qui leur est bien sévère, leurs travaux sont perpétuels
et leur triomphe va peu au-delà de leur existence. Comment ne pas
constater le souvenir des efforts qu'ils font tous et ne pas écrire ce que
signerait chacun de ces spectateurs qui les applaudissent avec ivresse ?
Jamais aucune pièce de théâtre ne fut mieux jouée, je crois, que ne l'a
20 *été celle-ci, et le mérite en est grand ; car, derrière le drame écrit, il y a*
comme un second drame que l'écriture n'atteint pas, et que n'expriment
pas les paroles. Ce drame repose dans le mystérieux amour de Chatterton
et de Kitty Bell ; cet amour qui se devine toujours et ne se dit jamais ;
cet amour de deux êtres si purs, qu'ils n'oseront jamais se parler, ni
rester seuls qu'au moment de la mort ; amour qui n'a pour expression
que de timides regards, pour message qu'une Bible, pour messagers que
deux enfants, pour caresses que la trace des lèvres et des larmes que ces
fronts innocents portent de la jeune mère au jeune poète ; amour que le
quaker repousse toujours d'une main tremblante et gronde d'une voix
30 *attendrie. Ces rigueurs paternelles, ces tendresses voilées, ont été exprimées*
et nuancées avec une perfection rare et un goût exquis. Assez d'autres
se chargeront de juger et de critiquer les acteurs ; moi, je me plais à dire
ce qu'ils avaient à vaincre, et en quoi ils ont réussi.
L'onction et la sérénité d'une vie sainte et courageuse, la douce gravité
du quaker, la profondeur de sa prudence, la chaleur passionnée de ses
sympathies et de ses prières, tout ce qu'il y a de sacré et de puissant
dans son intervention paternelle, a été parfaitement exprimé par le
talent savant et expérimenté de M. JOANNY. Ses cheveux blancs, son
aspect vénérable et bon, ajoutaient à son habileté consommée la naïveté
40 *d'une réalisation complète.*

Un homme très jeune encore, M. GEFFROY, *a accepté et hardiment abordé les difficultés sans nombre d'un rôle qui, à lui seul, est la pièce entière. Il a dignement porté ce fardeau, regardé comme pesant par les plus savants acteurs. Avec une haute intelligence, il a fait comprendre la fierté de Chatterton dans sa lutte perpétuelle, opposée à la candeur juvénile de son caractère; la profondeur de ses douleurs et de ses travaux en contraste avec la douceur paisible de ses penchants; son accablement, chaque fois que le rocher qu'il roule retombe sur lui pour l'écraser; sa dernière indignation et sa résolution subite de mourir, et, par-dessus tous ces traits, exprimés avec un talent souple, fort et plein d'avenir, l'élévation de sa joie lorsque enfin il a délivré son âme et la sent libre de retourner dans sa véritable patrie.*

50

Entre ces deux personnages s'est montrée, dans toute la pureté idéale de sa forme, Kitty Bell, l'une des rêveries de Stello. On savait quelle tragédienne on allait revoir dans Mme DORVAL; mais avait-on prévu cette grâce poétique avec laquelle elle a dessiné la femme nouvelle qu'elle a voulu devenir? Je ne le crois pas. Sans cesse elle fait naître le souvenir des Vierges maternelles de Raphaël et des plus beaux tableaux de la Charité; — sans efforts elle est posée, comme elles; comme elles aussi, elle porte, elle emmène, elle assied ses enfants, qui ne semblent jamais pouvoir être séparés de leur gracieuse mère; offrant ainsi aux peintres des groupes dignes de leur étude, et qui ne semblent pas étudiés. Ici sa voix est tendre jusque dans la douleur et le désespoir; sa parole lente et mélancolique est celle de l'abandon et de la pitié; ses gestes, ceux de la dévotion bienfaisante; ses regards ne cessent de demander grâce au Ciel pour l'infortune; ses mains sont toujours prêtes à se croiser pour la prière; on sent que les élans de son cœur, contenus par le devoir, lui vont être mortels aussitôt que l'amour et la terreur l'auront vaincue. Rien n'est innocent et doux comme ses ruses et ses coquetteries naïves pour obtenir que le quaker lui parle de Chatterton. Elle est bonne et modeste, jusqu'à ce qu'elle soit surprenante d'énergie, de tragique grandeur et d'inspirations imprévues, quand l'effroi fait enfin sortir au dehors tout le cœur d'une femme et d'une amante. Elle est poétique dans tous les détails de ce rôle qu'elle caresse avec amour, et dans son ensemble qu'elle paraît avoir composé avec prédilection, montrant enfin sur la scène française le talent le plus accompli dont le théâtre se puisse enorgueillir.

60

70

Ainsi ont été représentés les trois grands caractères sur lesquels repose le drame. Trois autres personnages, dont les premiers sont les victimes, ont été rendus avec une rare vérité. John Bell est bien l'égoïste, le calculateur bourru: bas avec les grands, insolent avec les petits. Le lord-maire est bien le protecteur empesé, sot, confiant en lui-même, et ces deux rôles sont largement joués. Lord Talbot, bruyant, insupportable, et obligeant sans bonté, a été représenté avec élégance, ainsi que ses amis importuns. J'avais désiré et j'ai obtenu que cet ensemble offrît l'aspect sévère et simple d'un tableau flamand, et j'ai pu ainsi faire sortir quelques vérités morales du sein d'une famille grave et honnête; agiter une question

80

sociale, et en faire découler les idées de ces lèvres qui doivent les trouver sans effort, les faisant naître du sentiment profond de leur position dans la vie.

90 *Cette porte est ouverte à présent, et le peuple le plus impatient a écouté les plus longs développements philosophiques et lyriques.*

Essayons à l'avenir de tirer la scène du dédain où sa futilité l'ensevelirait infailliblement en peu de temps. Les hommes sérieux et les familles honorables qui s'en éloignent pourront revenir à cette tribune et à cette chaire, si l'on trouve des pensées et des sentiments dignes de graves réflexions.

Ph. © Agence Bernaud - Photeb.

Le vrai Thomas Chatterton (1752-1770).

« CHATTERTON »
DEVANT LA CRITIQUE

Le public avait fait à *Chatterton* un **succès sans restrictions**, bien que limité dans le temps. Pendant quelques semaines, ce fut vraiment la pièce à la mode, et vingt ans plus tard Théophile GAUTIER se souvenait encore de cet engouement des premiers soirs où « plus d'une jeune femme au teint d'opale se tournait mélancoliquement vers son mari, classique bien nourri et vermeil, comme pour attester la ressemblance » (*Moniteur*, 14 décembre 1857). Une partie de la presse partagea l'enthousiasme des spectateurs. *Le National* (16 février 1835), sous la plume de ROLLE, fut dithyrambique : « M. de Vigny a l'âme d'un poète [...]. C'est un homme qui semble vivre d'une vie à part et ne toucher à rien de ce qui fait les passions ou les intérêts vulgaires des autres hommes [...]. Comment retracer par un récit sec et méthodique ces scènes dont le tissu est d'une élégance et d'une finesse indicibles, qui se composent moins de faits et d'actions que de sentiments douloureux, tendres, chastes, mystérieux [...]. Kitty est un composé exquis de tous ces élans retenus, de toutes ces douces mélancolies, de toutes ces insaisissables délicatesses. » Et Rolle ajoute :

① « Ce qu'il y a de curieux, dans l'ouvrage de M. de Vigny, c'est qu'il est à la fois simple et orné, qu'il touche par la vérité des émotions, en même temps qu'il occupe et éblouit par la recherche et l'éclat de la forme... »

Tandis que *le Constitutionnel* loue Vigny d'avoir « formulé éloquemment ses reproches contre la société », *le Charivari* (14-16 février) se réjouit du bon tour qui vient d'être joué au public bourgeois : « Une heureuse inconséquence de notre Société, [...] c'est qu'en fait de vérité morale, on peut lui dire à peu près tout ce qu'on veut, sans qu'elle la trouve trop étrange. Puisqu'elle tend si patiemment la joue aux soufflets qu'on lui donne, elle mérite bien d'en recevoir un dont enfin elle s'émeuve [...]. M. de Vigny a su éveiller des émotions dont on croyait la source tarie, et c'est là le mérite de son ouvrage. » On voit que deux des aspects les plus originaux du drame — la **simplicité de sa facture**, la **mise en cause de la société** — attirent d'emblée l'attention et suscitent éventuellement la controverse. La *Revue des Deux Mondes*, à laquelle Vigny donne régulièrement ses œuvres, publie d'abord (15 février) une « mauvaise » critique de Gustave PLANCHE qui trouve le drame « inactif », puis (1er mars) un article de SAINTE-BEUVE qui semble adhérer totalement aux intentions de l'auteur, qu'il félicite d'avoir « le premier tenté une réaction contre le drame frénétique et le drame à spectacle ». Au même moment, dans une lettre à Buloz, MUSSET apporte le témoignage de son émotion : « Dites à de Vigny combien j'admire *Chatterton* et que je le remercie de tout cœur de nous avoir prouvé que, malgré les turpitudes qui nous ont blessés, nous sommes encore capables de pleurer et de sentir ce qui vient du cœur. » Parmi ces *turpitudes*, il y avait celles assurément de Gustave Planche, mais d'autres aussi. *Le Moniteur*, après avoir rendu hommage au caractère de Kitty Bell, lance (16 février 1835) cette vigoureuse attaque :

① « Une pièce étrangère par ses formes, son exécution, à l'art bien compris [...] sans action [...] un canevas maladroit où la trame est usée et commune; un troisième acte repoussant, où les empoisonnements, les agonies se succèdent. Enfin une apologie fastidieuse, désolante, de la théorie du suicide. »

Voilà le grand mot lâché, et c'est en effet à propos de cette « cause » du **suicide** que s'élèveront les critiques les plus obstinées. En 1837, *l'Univers catholique* raisonne en ces termes : « Si Chatterton avait eu un esprit chrétien, c'est-à-dire s'il avait vu les choses plus dans la réalité et avec moins de présomption et d'exigence, il eût peut-être été très heureux sur la terre, et l'Angleterre compterait aujourd'hui un grand poète de plus. » Mais on attend évidemment Veuillot, que son catholicisme intransigeant va dresser avec vigueur contre la « théorie du suicide », dans des pages écrites bien plus tard (*Les Libres-penseurs*, éd. 1877, p. 79-80) mais qui s'inscrivent dans la lignée polémique née au lendemain de la pièce : « On n'en finira jamais, écrit-il, de noter tout ce qu'il y a de révoltant, d'absurde, dans le drame de *Chatterton* [...]. Ô déraison! Ô matière! ne voir jamais que la mangeaille, ne songer qu'à la panse! Eh, je vous prie, laissez souffrir les bons, les grands et les forts; c'est parce qu'ils sont forts que Dieu leur donne l'infortune. »

L'aspect plus précisément **social** de *Chatterton* passera souvent pour utopique. Lamartine, dans son *Cours familier de littérature* (94e entretien), écrira, l'année même de la mort de Vigny, qu'il y a dans ce drame « révolutionnaire ou plutôt socialiste [...] le cri d'un fou qui veut avoir raison contre la nature des choses »; tandis qu'un peu plus tard, Camille Doucet recevant Jules Sandeau à l'Académie française verra, dans *Chatterton*, un ouvrage « indigné jusqu'au paradoxe et poussant la pitié jusqu'aux rêveries du socialisme ». A l'occasion d'une reprise de la pièce, en 1857, Gautier avait d'ailleurs ironiquement noté (*Le Moniteur*, 14 décembre 1857): « En 1835, cela paraissait tout simple d'aimer *Chatterton*; mais aujourd'hui comment s'intéresser à un particulier qui ne possède ni capitaux, ni rentes, ni maisons, ni propriétés au soleil, et qui ne veut pas même accepter de place sous prétexte qu'il a écrit *la Bataille d'Hastings*, composé quelques pastiches de vieilles poésies en style anglo-saxon, et qu'il est un homme de génie? ». Un peu plus tard, dans son *Histoire du romantisme* (1874), le même Gautier devait remarquer :

② « Dans *Chatterton* le drame est tout intime et ne se compose que d'une idée; de fait, d'action, il n'y en a pas, si ce n'est le suicide du poète, deviné dès le premier mot. »

A la fin du XIXᵉ siècle, si les passions se calmèrent, les **jugements** demeurèrent **partagés**. Au lendemain de la mort de Vigny, il y avait eu l'article de Sainte-Beuve dans la *Revue des Deux Mondes* :

① « C'était éloquent à entendre, émouvant à voir; mais il faut ajouter que c'était maladif, vaniteux, douloureux : de la souffrance au lieu de passion. »

Il reprenait là l'idée exprimée dans l'un des *Portraits contemporains* quand il notait (1846) :

② « Au lieu de peindre la nature humaine en plein, Vigny a décrit une maladie littéraire, un vice littéraire, celui de tant de poètes ambitieux, froissés et plus ou moins impuissants ».

Et en 1877, Francisque Sarcey, dans son feuilleton du *Temps*, portera l'un des jugements les plus sévères qui soient sous la plume d'un critique dramatique; pour lui, *Chatterton* est « une des œuvres les plus mortellement ennuyeuses qui aient jamais paru sur le théâtre » (12 février 1877).

L'un des premiers ouvrages d'ensemble consacrés à Vigny, celui de Maurice Paléologue (1891), met en relief l'importance de la pièce à l'époque où elle vit le jour : « A l'heure où Alfred de Vigny plaidait son généreux paradoxe, les esprits étaient trop exaltés pour en apercevoir la faiblesse. Quand, du roman, ce plaidoyer passa sur la scène, quand la forme dramatique lui eut donné ce relief particulier, cette puissance d'action collective qui est le propre du théâtre, l'effet produit fut immense, tel même qu'on ne le peut comprendre aujourd'hui sans restituer l'atmosphère morale de l'époque et que, sans prétendre certes égaler l'une et l'autre œuvre, *Chatterton* demeure avec *le Cid* l'exemple du plus grand succès remporté sur une scène française [...]. Aux yeux des jeunes exaltés de l'école romantique [...] *Chatterton* [...] apparut comme la Déclaration des droits du poète dans la société moderne. »

Avec les premières histoires de la littérature française sonne l'heure des bilans. Ceux-ci ne sont pas défavorables au drame de Vigny, mais tendent à se nuancer. Après avoir loué l' « amertume concentrée » de la pièce, Gustave Lanson fait l'éloge des caractères, et ajoute (*Histoire de la littérature française*, éd. 1912, p. 982) :

③ « Il n'y a que Chatterton qui soit manqué : et il était difficile qu'il ne le fût pas. Dès qu'il est individuel, il perd les raisons de mourir, et sa plainte dépasse son mérite ou sa misère; tant qu'il reste une abstraction philosophique, il n'est pas vivant, et qu'importe alors qu'il meure? Il faut donc qu'il se dégrade, ou se refroidisse. Voilà le danger du symbole au théâtre. Vigny, du reste, a réussi, autant qu'il était possible, à masquer ce vice de la conception; et son œuvre a une force pathétique à laquelle on n'a peut-être pas toujours assez rendu justice. »

Mais c'est aussi l'époque où les travaux universitaires consacrés à Vigny commencent à voir le jour. Guidée par une profonde admiration pour le poète, Emma Sakellaridès publie en 1903 le premier travail qui ait traité d'*Alfred de Vigny, poète dramatique* :

① « Vigny fut le moins romantique d'entre les romantiques : sa raison l'a préservé du faux romantisme. Tandis que Hugo et Dumas bataillaient à grand fracas avec la tradition et le public, Vigny, plus sobre de gestes et de paroles, atteignit un résultat moins brillant mais plus sûr. Hugo et Dumas conquéraient souvent le public et la foule par des concessions faites à leur goût du mélodrame et à l'intrigue. Vigny, plus soucieux des vraies beautés de l'art, cherchait avant tout à élever d'un degré le niveau intellectuel de ce public » (p. 183).

Entre les deux guerres, plusieurs ouvrages sont publiés qui tout en voyant dans *Chatterton* une **œuvre** fortement **marquée par son époque**, s'efforcent d'y déceler ce qu'elle peut apporter au lecteur du xxᵉ siècle :

② « C'est par la douloureuse idylle si délicatement nouée et si tragiquement dénouée, c'est par le caractère simple et vrai de Kitty Bell beaucoup plus que par celui de ses prétentieux partenaires que *Chatterton* nous attache aujourd'hui », déclare Edmond ESTÈVE (*A. de Vigny, sa pensée et son art*, 1923).

En 1926 paraît la thèse de Pierre FLOTTES sur *la Pensée politique et sociale d'Alfred de Vigny*, qui ne peut manquer d'aborder les problèmes posés par la pièce et interprète en ces termes (p. 142) la position prise par l'auteur :

« Vigny avait plaidé la cause de toutes les professions de l'esprit, comme il le laissait déjà entendre dans *Stello*, et rejoignait les Saint-Simoniens en réclamant une refonte sociale telle que l'intelligence cessât d'être humiliée. En John Bell, combien de *spéculateurs heureux* pouvaient se reconnaître ! Vigny semblait glisser du carlisme aux confins du socialisme, en contournant le bloc bourgeois sur lequel reposait la monarchie de juillet. »

Élargissant le débat, évoquant en même temps *Servitude et Grandeur militaires* et *Daphné*, M. Pierre MOREAU écrit (*Le Romantisme*, rééd. 1957, p. 219) :

« Le poète méprisé par les politiques, le soldat contraint à un sacrifice silencieux et méconnu, les grands hommes cherchant vainement à défendre leurs dieux, cette histoire qu'il place tantôt à l'époque de Julien l'Apostat, tantôt dans le xvIIIᵉ français, tantôt en Angleterre ou dans le sillage de Napoléon, est l'histoire de son propre temps. Seul, l'argent subsiste et survit aux grandeurs détruites. Cette société basée *sur l'or* consomme la ruine du vieil ordre, nivelle tout en une morne égalité. Le penseur qui devance son temps, l'homme énergique qui marche contre lui, sont écrasés par la foule. Chatterton se tue ; Julien va mourir en Perse ; Paul de Larisse est lapidé. Conclusion : *l'ostracisme perpétuel.* »

C'est encore une œuvre profondément en accord avec son temps qu'Albert THIBAUDET voyait (*Histoire de la littérature française de 1789 à nos jours*, 1936) dans le drame de Vigny :

① « *Chatterton* en 1835 fut un triomphe. Vigny y réunissait avec un bonheur presque égal à celui de son *Moïse* tout le vif du romantisme au théâtre : le grand sujet romantique, la destinée du poète, le mystère du poète, les revendications du poète, une situation pathétique, une héroïne touchante qui éveillait dans tous les cœurs féminins le sentiment de la maternité amoureuse, l'accord unique d'un *drame de la pensée* et d'une immense émotion. »

Ce caractère « d'époque » de *Chatterton*, joint à ce qu'il peut avoir d'artificiel, provoque ce jugement de M. Lauvrière (*A. de Vigny, sa vie et son œuvre*, 1946, t. I, p. 273) :

② « Drame de la pensée ou drame d'histoire [...], demi-romantique ou demi-classique, le théâtre de Vigny, plus riche d'idées ou d'idéal que de réalité et de vie, plus théorique et ingénieux que solide et vrai, plus peuplé de personnages typiques que de caractères individuels, demeure en son ensemble, croyons-nous, une belle et noble création assurément, mais froide parce que factice, mais fausse parce qu'exagérée, mais éphémère parce que plus ou moins soumise à la vogue de l'époque. L'intérêt dramatique, malgré de rares qualités de pensée et de style, n'y survit guère à l'intérêt historique du romantisme. »

Mais les critiques de notre temps, quand ils s'intéressent à la dramaturgie de *Chatterton*, s'attachent généralement à en mettre en valeur l'**originalité**. Ainsi M. P.-G. Castex (*Vigny, l'homme et l'œuvre*, p.82-83) :

③ « ... comme dans une tragédie racinienne se trouve [...] peinte une crise proche de son dénouement. On songe à Racine [...] lorsqu'on voit avec quel art Vigny est parvenu, lui aussi, à *faire quelque chose de rien* ; les événements ne jouent presque aucun rôle, tout se déroule dans l'âme des personnages, l'action est intérieure et naît du jeu des idées et des sentiments. Finalement, tout s'accomplit selon la loi de la fatalité tragique [...]. Vigny a donc écrit une véritable tragédie moderne en prose : en cela surtout consistent son mérite et son originalité. »

Reste la thèse, la « cause » dont Vigny fait état dans la *Dernière nuit de travail*. Peut-on croire davantage en sa portée aujourd'hui qu'hier ? Voici la réponse que propose à ce sujet Bertrand de La Salle (*Alfred de Vigny*, rééd. 1963, p. 132) :

④ « Peut-être tout plaidoyer pour le poète, pour le créateur artistique, est-il une entreprise condamnée tant qu'un philosophe n'aura pas expliqué à nos démocraties utilitaires la véritable portée de la mission poétique. C'est-à-dire tant qu'on n'aura pas répondu à la question : qu'est-ce que la poésie ? Aussi longtemps que la poésie ne sera qu'une harmonie intuitive mais dont on ne peut fournir la justification rationnelle, les plaidoyers paraîtront fragiles. »

Imprimerie Jean-Lamour, 54320 Maxéville
Dépôt légal : octobre 1994 — Dépôt légal 1re édition : 1969
Imprimé en France